# 现代图书馆服务体系与资源共享

刘圣君　吴　姣　冯娅黎◎著

吉林出版集团股份有限公司
全国百佳图书出版单位

**图书在版编目（CIP）数据**

现代图书馆服务体系与资源共享 / 刘圣君, 吴姣, 冯娅黎著. -- 长春 : 吉林出版集团股份有限公司, 2023.6
ISBN 978-7-5731-3751-7

Ⅰ. ①现… Ⅱ. ①刘… ②吴… ③冯… Ⅲ. ①图书馆服务②图书馆—资源共享 Ⅳ. ①G252

中国国家版本馆CIP数据核字(2023)第141445号

XIANDAI TUSHUGUAN FUWU TIXI YU ZIYUAN GONGXIANG

# 现代图书馆服务体系与资源共享

著　　者/ 刘圣君　吴姣　冯娅黎
责任编辑/ 金方建
开　　本/ 787 mm × 1092 mm　1/16
印　　张/ 11
字　　数/ 200千字
版　　次/ 2023年6月第1版
印　　次/ 2023年6月第1次印刷

出　　版/ 吉林出版集团股份有限公司
发　　行/ 吉林音像出版社有限责任公司
（吉林省长春市南关区福祉大路5788号）
电　　话/ 0431-81629679
印　　刷/ 吉林省信诚印刷有限公司

ISBN 978-7-5731-3751-7　　定价　58.00元

# 前言

图书馆服务理念的复兴与技术的应用，共同推动了我国现代图书馆服务体系建设的兴起和发展。随着服务体系和资源共享技术的飞速发展，现代图书馆已经不仅是知识和数据的仓库，更开始向现代互联网资源系统转型。服务体系与资源共享是顺应这一时代发展的产物，现代图书馆引入服务体系与资源共享，使得现代图书馆在作为知识传播的载体的基础上，扩展并延伸了其应用的广度和深度。

基于此，本书以《现代图书馆服务体系与资源共享》为题，首先阐述了现代图书馆服务基本理论，内容包括服务与服务理念认识、图书馆与图书馆服务概述、图书馆服务的特征与原则、图书馆服务的内容及方式；其次分析了现代图书馆文献信息服务体系，内容涉及图书馆文献信息服务、图书馆文献借阅服务、图书馆文献传递服务、图书馆非书资料服务；再次是现代图书馆服务评价体系研究，内容涵盖图书馆服务评价概述、图书馆服务评价的工具、图书馆服务评价体系构建；接着探索现代图书馆服务转型与创新发展，内容包括图书馆服务转型思考、图书馆门户网站服务、图书馆自助服务模式、图书馆移动阅读服务；然后探讨现代图书馆资源共享模式及体系，内容涉及图书馆资源共享的发展历程、图书馆资源共享的主要模式、图书馆资源共享的优缺点、图书馆资源共享的典型体系；最后通过现代图书馆联盟建设与资源共享实践，论述图书馆联盟及其组织形式、图书馆联盟建设的内容体系、基于区域图书馆联盟的资源共享服务、高校图书馆跨领域合作联盟与发展研究、医学图书馆联盟共享体系建设与成效研究。

本书体系完整，视野开阔，层次清晰，借助通俗易懂的语言、系统明了的结构，紧跟时代步伐，满足用户不断更新的需求，利用科学技术，进一步推动现代图书馆的高质量发展。本书可供广大图书馆服务与资源共享相关从业人员、高校师生与知识爱好者阅读使用，具有一定的参考价值。

本书在写作过程中，得到了许多专家学者的帮助和指导，在此表示诚挚的谢意。由于笔者水平有限，加之时间仓促，书中所涉及的内容难免有疏漏之处，希望各位读者多提宝贵的意见，以便笔者进一步修改，使之更加完善。

# 目 录

# 第一章 现代图书馆服务基本理论

随着信息技术的迅速发展，图书馆也在向现代化转变，以适应信息化社会的需求。基于此，本章对服务与服务理念认识、图书馆与图书馆服务概述、图书馆服务的特征与原则、图书馆服务的内容及方式进行论述。

## 第一节 服务与服务理念认识

### 一、服务

服务是工业社会因为出现了人口向城市集中的城市化和劳动分工体系的专业化，所以形成的现代化社会结构与制度。服务一般只是指社会成员之间相互提供方便的一类活动，通常可分为有偿的、直接或间接的提供方便的经济性劳动服务。

#### （一）服务的概念

服务泛指为他人做事，并使他人从中受益的一种有偿或无偿的活动。不以实物形式而以提供劳动的形式满足他人的某种特殊需要。随着时代的发展，“服务”被不断赋予新意，如今，“服务”已成为整个社会不可或缺的人际关系的基础。社会学意义上的服务，是指为别人、为集体的利益而工作或为某种事业而工作，如“为人民服务”。经济学意义上的服务，是指以等价交换的形式，为满足企业、公共团体或其他社会公众的需要而提供的劳务活动，它通常与有形的产品联系在一起。

服务的概念至少应该包括四个基本内容：①服务是一种无形的活动过程，它能给予服务对象以利益和满足感；②服务是与有形资源、商品或实体产品有关或相互联系的商品，具有价值并可以出售；③服务是一种行为或过程，它的产生由需求开始，结果是满足需求；④服务双方有一定交互，服务传递可以通过一定的媒介。

总之，服务是一个为解决某种问题，在服务提供者及服务提供系统的帮助下，消费者参与生产并从中获得体验的过程。我们也可以这样来理解服务：服务就是本着诚恳的态度，为别人着想，为别人提供方便或帮助。

### （二）服务的特征

服务无处不在，我们可以在社会的不同活动中见到服务的踪迹。服务与有形商品不同，具有四个基本特征：

第一，无形性，又称为服务的抽象性和不可触知性。服务是现象、无形和不可触知的，是无法以质量、形状、大小等标准来衡量。服务的无形性表现在：①服务的很多元素看不见，摸不到，无形无质；②让读者在接受服务之前，往往不能肯定他能得到什么样的服务，因为大多数服务都非常抽象，很难描述；③读者在接受服务后难以对服务质量作出客观的评价。因此，为了减少服务的无形性，读者通常会借助于有形部分来对服务作出相应的认识和评价。大到图书馆的整体服务环境、小到检索机，以及馆员的服饰仪表都是读者判断服务优劣的依据。

第二，服务的同步性。同步性，又称为不可分割性，即服务生产过程与消费过程在空间和时间上是并存的，一般而言，服务的提供与接受是同时发生的，可以说在时间和空间上它是单向性的、不可逆的。这一特征证明，读者只有而且必须加入服务的生产过程之中，才能享受到服务，如读者到图书馆阅览室阅读图书。

第三，服务的异质性。异质性，又称为可变性，变性，即使同一服务，由于提供者、时间、地点、环境等不同，读者感知的服务质量有差异。服务异质性产生的根源：①馆员原因，即馆员的态度、技能、技巧、知识、素质等影响服务的绩效；②读者原因，读者的知识、经验和动机，影响着服务的开展；③馆员和读者间相互作用的原因，对读者而言，服务在很大程度上依赖于读者与馆员之间的交互作用，尤其是在接触性较大的服务中，表现更为明显。例如，读者感知图书馆的服务，受许多因素（如馆员、时间、地点、环境，甚至读者心情等）的控制和影响，往往因为这些因素的不同，使读者的感受有天壤之别。

第四，服务的易逝性。易逝性，又称为不可储存性，即服务不能被储存，容易消失，服务只存在于其被产生出的那个时间点，一经生产，就必须被消费掉，否则就变得毫无用处，如图书馆的空座位、闲置的空间和设施。

## 二、服务理念的作用与现代发展

服务理念是指人们从事服务活动的主导思想，它反映了人们对服务活动的理性认识，是各种服务活动的核心。作为人类众多理念的一种，服务理念反映了人们对服务活动的理性认识，是各种服务活动的核心，是服务组织在创造价值的过程中，对客户或服务对象的服务原则、服务态度、服务方式的集中体现，是服务组织规范服务人员心态和行为的准则，同时，也是服务组织提供给顾客能满足其某一种或某几种需要的服务的功能、效用。顾客购买、体验某种服务，是利用这种服务来获得这些功能和效用。通俗地讲，服务理念是指服务组织用语言文字在单位内外公开传播的、一贯的、独特的和顾客导向的服务主张和服务理想。

服务理念主要包括宗旨、精神、使命、原则、目标、方针、政策等。宗旨是服务组织建立的根本目的和意图，使命是服务组织在社会经济发展中担当的任务和责任，目标是服务组织运行和发展预期达到的境地或标准，方针是服务组织在经营管理上总的发展方向或指导思想，政策是服务组织在处理内外关系或配置资源时所提出的有重点、具倾向性的观点及实施方案，原则是服务组织在其行为中恪守的准则或坚持的道理，精神则是服务组织较深刻的思想或较高的理想追求，或基本的指导思想。在服务理念中，“宗旨”和“精神”的思想层次较高，但比较抽象，缺少操作性；“目标”“方针”“政策”较具体，比较容易操作，但思想层次相对较低；而“使命”“原则”的思想层次、操作性介于上述两组理念之间。

### （一）服务理念的作用

第一，有利于服务的有形化。服务组织的服务理念作为一种思想，一般都以语言文字的形式向顾客公布和传达的，而语言文字是“有形”的信息，因此，“有形”的服务理念有利于无形服务的有形化，而且理念本身正是服务有形线索所要提示的主要内容。但如前所述，服务理念的“有形化”本身是不够的，还必须演化成为一种自觉意识。

第二，有利于体现和建立服务特色。策划、设计出比较优秀的服务理念往往是独特的，有个性、有特色。

第三，有利于发挥服务组织人员的工作积极性和创造性。服务理念的一部分是针对服务组织内部员工，用于激励他们，这就能起到某种程度政治思想工作的作用。同时，服务理念还能统一全体员工的思想和心态，而服务行为正是来源于员工的思想和心态。因此，思想和心态的统一有利于整个服务组织服务行为的统一。

第四，有利于监督服务组织员工的服务行为。既然服务理念的一部分是针对服务组织员工的，并且是向顾客公布和传达的。因此，服务理念一方面能对员工的服务行为起到某种警示作用，另一方面还能引导顾客对员工服务行为的监督。

服务理念的核心可以归结为顾客导向的观念，即一切服务主张和服务理想都可以和应当归结为最大限度地满足顾客的期望和要求。既然是顾客导向的，服务理念就没有必要隐瞒，应当向服务组织内外公开，让尽可能多的人了解，以体现服务理念的真诚。服务理念既然是公开的，就离不开公开的手段——传播。好的服务理念是适合传播和有传播效果的理念。

服务理念的一贯性体现在相当长时间内是比较成熟的、稳定的，是一贯的主张或追求的理想。服务理念都是人倡导的，而人是有个性的，这种个性就会融合在他所倡导的理念之中，并通过理念的独特性表现出来。服务理念从根本上讲来源于顾客期望，顾客期望的动态性和变化性的特征和服务理念对工作的领导地位要求服务理念必须具备前瞻性，而且服务理念也必须继承传统服务中合理、正确的部分，并在继承的基础上进行理念创新。服务理念是对服务理想水平的一种描述，但理想水平总是高于现实水平的，因而具有挑战性。倡导服务理念的主要目的是指导服务组织在激烈的市场竞争中用更优秀的服务去争夺顾客与用户，服务理念是有竞争意义或战略意义的。服务理念是用以指导服务行为的，但服务理念只有深刻，即抓住人心，才能打动人心并化为员工自觉的服务行为。

### （二）服务理念的现代发展

随着社会文明的进步，社会服务事业得到了充分的发展，人们的服务理念也发生了深刻的变化，形成了多层次的服务理念。

第一，服务体现着思想境界，全心全意为人民服务。在文明社会中，服务活动是社会活动的重要组成部分，服务更多地表现为合作。在社会主义思想观念中，服务更是一种崇高的活动。

第二，服务在社会生产活动中的表现为劳务，服务业是现代社会经济的最具活力的增长点。在社会的生产活动中，服务更多地表现为“劳务”，即不以实物形式而以提供劳动的形式满足他人某种需求。这种“劳务”的不断发展，形成了现代社会规模庞大的新生行业一服务业和以服务业为主体的第三产业，从而导致了人类历史上的又一次产业革命。服务行业的发展程度也成了衡量一个国家社会经济发展的重要标志。

第三，服务就是合作，已成为社会竞争的焦点。在现代社会活动中，人们对服务的关注已达到相当高的程度。“用户至上”“服务第一”已不是一个单纯的口号，而成为社会竞争的准则。在市场活动中，服务与产品质量共同担当着市场竞争的主角。

# 第二节　图书馆与图书馆服务概述

## 一、图书馆的理论发展

图书馆是收集、整理、收藏图书资料供人阅览、参考的机构。图书馆承担着文化传播等重要的责任和使命，其社会价值也得到了进一步强化。图书馆除了文化交流、教育宣传、文化传播、遗产保护，以及促进社会健康发展等方面的基本职能外，还具有公益价值、信息交互的重要职能。当今世界已经成为信息化的世界，每一个领域都被信息化所包括，图书馆应该顺应时代的呼声，通过各种各样的途径有效利用获得的信息，发挥自身的信息交互能力，推进图书馆领域的信息化变革。

### （一）图书馆的产生

图书馆是在特定的背景下产生的，它的诞生以浓厚的文化背景为依托，一是所留存的文献，二是文字的诞生。文字的价值就在于记录事件，传达信息，它是不可替代的书写符号。文字诞生之后，相应的载体也就随之出现。在文字数量不断上升的背景下，为了使记录更为真实，对事物的情感流露更加准确，文献也就随之而出现。

文献是指记录有知识和信息的一切载体。例如，埃及的纸草卷、我国古代的甲骨文献、金石文献、泥陶文献、简帛文献等，都是不同载体的文献；再比如，现在的纸质文献、光盘、缩微胶卷等也是不同载体的文献。因为文献记录、展示、保存了文字，所以文献是人类文明传承延续的集中体现。随着文献数量的不断增加，将文献有序保存的需求逐渐出现，人们需要有一个地方保存文献，并且要有专人来管理文献，这样，图书馆就应运而生了。

在中国，公元前 13 世纪的殷商时代，甲骨文出现后，王室就有了保存典籍的地方，实际上这就是图书馆的萌芽。图书馆真正有文献可考的历史始于东周春秋时代，那时王室中有了专门的典藏处——藏室，并设立了专门的职官来管理文献。

### （二）图书馆的演变

从我国的历史来看，至早在周代才有了图书馆。随着图书馆的出现，相应的管理机构也随之诞生。秦朝专门对图书馆进行管理的部门是“柱下史”；至汉代，图书馆建设已经较为成熟，拥有了较大的规模。隋唐时期，我国经济进入了一个历史高峰期，文化发展愈加繁荣，印刷术也更加成熟，这些都为图书馆的发展奠定了深厚的基础。除了国家藏书之外，私人藏书的影响力也逐渐扩大。宋代以后直至我国整个封建社会结束，图书馆保持着较快的发展步伐。印刷术方便了文献的传播，各种类型的书籍也都得到了最大范围内的流传，这些都促进了图书馆行业的日益繁荣。宋代的书院对于文献的传播也起到了极大的推动作用，信息的传递更为便捷。

19 世纪 40 年代，更多面向社会的、融合性的图书馆开始诞生。在我国，由于上海独特的地理位置和其开放包容的城市特色，使其成为近代图书馆的奠基之地，最具代表性的就是 19 世纪 40 年代诞生于徐家汇藏书楼。除此之外，我国图书馆发展史上，武汉的重要性也不可忽视，它成为近代图书馆的又一个重要奠基之地。20 世纪初，韦棣华着手开始创办具有地方特色的图书馆，经过几年的积淀，属于文化学校的图书馆正式投入使用，学校的师生可以在这里汲取知识，享受各种各样的优质资源，满足自己对知识的多样化需求。20 世纪，图书馆进入了另一个快速发展阶段。1902 年，对于我国图书馆业的发展而言是十分关键的一年，京师大学堂登上历史的舞台，它的建成和投入使用是我国图书馆建设过程中的一件大事，直至今天依然有着不可忽视的影响。1909 年所成立的京师图书馆在三年之后正式对外开放，它的成立在近代图书馆建设史上留下了浓墨重彩的一笔。

1945 年以后，电子计算机等技术逐步在图书馆应用，图书馆的馆藏结构、服务方式、服务手段发生了巨大变化。特别是进入 21 世纪以后，电子图书馆、数字图书馆发展迅速，使图书馆的形态和职能发生了革命性的变化，图书馆的工作效率和服务效率大大提高，服务不断深入。图书馆的文献载体不断丰富，不仅收藏印刷型的图书文献，也大量收藏非印刷型文献信息（缩微制品、录像带、磁盘、光盘、数据库等），大大改变了和丰富了馆藏；图书馆之间的联系更加密切、向网络化、国际化方向发展：图书馆的职能不断扩展，除了保存文化典籍、普及科学文化知识、进行社会教育外，还增加了信息开发传递和智力资源开发、文化休闲等职能。

1978 年以后，我国图书馆获得了长足的发展。1987 年，我国县级以上图书馆达到 2440 所。到了 20 世纪 90 年代中期，全国已有图书馆 2615 所，县级以上图书馆格局基本建成，很多街道、农村、乡镇都建立了图书馆。2004 年，随着“百年图书馆精神”系列活动以及“21 世纪新图书馆运动”的兴起，加之国家政策逐渐注重“以人为本”和普遍均衡，图书馆理念研究的热潮出现，一些图书馆的改革成功实现了“公益、自由、平等”的图书馆思想。

从 2015 年开始，我国图书馆就呈现出不断增长的基本态势。以公共图书馆为例来进行具体说明，数据显示，2020 年的公共图书馆数量比上年的 3196 个增加了 16 个，至此，公共图书馆全域覆盖基本实现。近些年来，我国经济逐渐向好，科学技术迈上了发展的快车道，和谐社会建设成为主流，学习型社会构建的呼声越来越高，全民都参与阅读的大潮中来。各行各业都十分重视图书馆的建设与发展。随着各种文化普及工程的建设与发展，国家也在图书馆建设方面给予了一系列优惠政策，文化产品的类型更加多样，图书馆能够提供的服务日益完善，对社会的带动效能逐年提升。

从 20 世纪 90 年代以来，图书馆发展的信息化、数字化趋势日益明显，自此，图书馆管理更加有序，技术发展更为成熟。随着信息技术对图书馆影响力的逐渐扩大，图书馆建设的数字化潮流更为明显，这是一次革命性的巨变。数字化建设的影响力是多方面的，特别是技术和资源方面更是对图书馆建设产生了巨大的变革。电子化、信息化等对图书馆的影响不仅表现在用户诉求、资源建设、实现路径等方面，还表现在实现方式上，它们都推动了图书馆的深刻变革，为图书馆建设增添了新的色彩。

信息化背景下，经济发展的步伐逐渐加快，人们的生活质量获得了前所未有的提升。当前，图书馆成为社会发展中不可忽视的重要一环。图书馆运用新的科技手段，思维也不断更新，提供现代化的服务已经成为它们所追求的一个共同目标。

### （三）图书馆的特征

#### 1. 图书馆的基本性

图书馆的基本性是指要确保每一个成员都能够享受到基本的读书权利。我们需要切实保障居民读书的权利，这是图书馆的基本任务。图书馆基本性的内容主要体现在以下几方面：

（1）覆盖率。人人共享受的图书馆需要有相应的资源作为保障，而最基本的实现途径就是建设更多数量的图书馆，保障覆盖率，这样才能使人们的资源利用更加便捷。我国采用省级划分的形式，要求全部省份基本应该做到全面覆盖。在未来，城市范围的不断扩张势必会带来图书馆的相对短缺，我们需要不断加强建设，满足群众的文化需求。

（2）规定最低藏量。只有图书馆的书籍藏量足够高，服务水平才能跟得上。藏量是我们判断区域文化水平的一项基本指标。

（3）完善图书设施。近年来，公共服务的优化与改善逐渐为大众所关注，均等化发展十分迅速，大多数县城都不断建设县级文化馆，为了落实公共服务的思维和理念，国家专门针对公共服务的相关细则制订了一系列的规划，还明确了最低的标准。打造出了以公共服务质量提升为诉求的，满足服务多元化建设发展方向的多种模式。此外，还特别强调有经济基础的地区建设更加多元的、质量更好的服务机制。

2. 图书馆的公益性

图书馆的公益性是指所有阅读者都能够通过各种途径，享受到公共单位所提供的各种阅读服务，在这个过程中，不管是哪一个成员都能免费享受相关服务，这也是图书馆建设的最根本诉求。从本质上来说，图书馆具有明显的公益性，它也是文化建设的一个重要渠道，所有的文化成果都能通过这一平台得到最完美的展示。

图书馆的公益性在于不管是哪一个读者都能够被公平的待遇。图书馆在建设开始就具有明显的公益特征，在这种思维的影响之下，读者的利益得到了最大化保护，图书馆事业也随之而获得了崭新的发展，迈上了一个新的发展时期。

充分发挥图书馆公益价值能够使得公共利益得到最大化保护，才能在统一的思维和理念的引领下，树立崇高的责任感，牢牢把握读者的阅读诉求，使得读者能够获得更为多样的体验。

充分发挥图书馆公益价值能够惠及更多读者，遵循公益性这一基本诉求，社会当中就会多一份公正，读者也有了阅读自己想读书籍的权利。公益图书馆不能设置准入门槛，所有成员都有使用它的权利，都有享受相关服务的权利。正是这种资源共享的宝贵性，使得更多的人员参与到图书馆建设当中，使其受众范围明显扩大。

充分发挥图书馆公益价值能够确保工作高效开展，社会的认可、读者的信赖都会成为他们提升服务质量的动力源泉，在这一动力驱使下，图书馆建设就会更加具有活力。各个图书馆才会去思考自己的出路以及创新的方向，工作业绩自然获得大幅提升。

充分发挥图书馆公益价值能够和读者构筑和谐的关系，结合读者的诉求进行各种服务的建设，优化传统的模式，提升服务的质量和水平，这是图书馆的重要使命。拓宽交流渠道，读者在图书馆建设中参与度提升，就会对图书馆建设以及服务提出建议，图书馆才会针对这些反馈提出较好的改进，服务才会更加具有针对性。

3. 图书馆的便利性

便利性是指让读者在阅读的过程中，能够以更快、更简单的方式享受到图书馆所提供的各项服务。图书馆要将便利性作为一个重要的考核指标，通过多元化途径，有创意、有目的地引导读者从中获得满足感，真正营造服务至上的氛围，让便利性成为图书馆建设的重要原则。

对于位置，要充分考虑读者的便利，紧密环绕在读者的身边。

对于资源，我们应该做到：①确保所搜集的信息类型全面、内容全面。②在组织资源的过程中，要将读者放在重要的角度来予以考量，结合他们的需求来实施多样化组织。具体而言，要考虑物力要素，结合载体的特征进行科学的安排。

对于服务设施，最根本的作用是让读者获得便利，优化内部格局，充分考虑内部陈设的科学性；设置了儿童阅览区域，让儿童阅读更加舒适；设置特殊通道，为他们提供特殊服务，设置人性化的区域，可让读者倍感温暖。

对于服务方式，要方便读者。①要选择读者可以接受的服务方式。就内容的选择而言，要尽可能使读者较快接受。同时，还要从小处着手。在居民密集的区域内，可以设置一些街区分馆。这样一来，读者但凡有需求，都可以在第一时间去查找资料。②读者需求是否满足，一个重要的考量就是读者的阅读是否受到了限制。图书馆可在阅读方面放宽限制，每一个人无须持有证件就可以自由进入阅览室内，可以按照自己的喜好进行随意借阅。同时，各种音频资料、电子资料的阅览也不需要办理手续，需要外借时，持有自己的借阅卡就可以完成；借书证的办理也是十分简单的，读者持自己的有效证件或者是学生证就可以在短短几分钟内完成办理。③要从细节处着手，为读者提供便捷。图书馆可专门在馆外放置一个区域，读者可以在闭馆期间将自己所借阅的图书放在这一区域内，工作人员在开馆期间会第一时间进行还书办理，读者无须反复奔波于还书的路上。

4. 图书馆的均等性

均等性是全方位、宽领域的，它不仅强调的是不同国籍之间的均等，更针对不同性别、工作、社会群体提出了均等化的目标，要对所有的人一视同仁，不能加以区分。均等化是未来图书馆建设的一个基本目标，也就是要让所有的人能够被公平对待，享受到平等服务。图书馆建设是一项重要的公益事业与公益文化，每一个人都有权利享受到其中的每一个项目。要让公民能够接触到各种类型的资源、享受阅读的快乐，让服务得到所有人的认可，这是图书馆建设的根本目标。

所有公益性的事业都是免费的，图书馆也是如此，它所提供的资源是无偿的。不管是建设哪一级别的图书馆，当地政府都应该承担起总体规划设计的重担，将资金分配到各个项目当中。同时，还要为基层图书馆的系列建设工作提供必要的资金支持，包括基层图书馆建设、从业人员的专业技能培训、阅览室规划与设计、基层图书馆设备引进，以及项目管理等。

图书馆要遵循人的重要价值，强调人与人之间的绝对均等。图书馆工作人一样的使命就是更好地满足读者的多元化需求。图书馆应该充分认识到这一点，将读者的诉求放在发展的首位。从某种程度上来说，图书馆职能能否得到高效地发挥受到服务质量的直接影响。工作人员必须更新自我的服务观念，按照不同读者在心理诉求、知识体系、个体行为，以及心理特色等方面的特征，构建适合读者的服务体系。真正去考虑读者的自我特色，确保自己所提供的服务是高质量、仔细、周到的，这才真正体现出图书馆对于人的价值的充分强调，在和读者双向交互的过程中收获平等、关爱与幸福。

## （四）图书馆的职能体现

“图书馆承载着社会赋予的历史使命，自身的职能随着社会进步不断演化，实现拓展和升级。”[①] 因此，图书馆的职能体现在以下几方面：

### 1. 传承职能

图书馆作为收集、保存、传承、发展优秀传统文化的重要场所，有责任有义务传承好、发展好中华民族传统文化，留住中华文化的根，守住民族文化之魂，推动中华优秀传统文化走向世界舞台，服务各国人民。

### 2. 开发职能

网络背景下，信息资源的类型更加丰富，信息喷涌现象频频出现，整个信息世界呈现出无序的基本特征，人们要想从中捕捉有用的信息存在极大的困难。图书馆在对入馆的各种资源进行整理时，必须对其进行一定的开发与加工，打造来源明晰、整理有序的信息集合体，这样读者在阅读的时候才会有更大的便利。

从资源开发的角度而言，图书馆的开发包括以下几方面：①文献目录的制定、加工及后期归类，方便对整体进行处理；②全方位检索馆外优质资源，建成专门的收纳库；③电子化、信息化处理，使馆藏文献的仓储更加便捷。

### 3. 教育的职能

图书馆建设应当与时代的政治方向相互一致，要牢牢抓住人民的切身诉求，以正确的价值观为引领，将宝贵的中华传统文化传承下去，弘扬下去。这一项规定的目的就在于引导读者形成对于世界的科学认知，确保自身的阅读需求和国家的建设方向基本一致。对广大的图书管理人员而言，应该牢记服务人民的标杆，树立崇高的理念。

文化教育作为图书馆最基本的职能之一，良好的环境是保证学习与阅读效果的根基。图书馆传播科学文化知识，有着三个层面的含义：①为受教育水平较低的社会群体服务，为他们提供基本的科学文化知识，以提高他们参与社会竞争的能力；②为虽然接受过良好教育，但为了适应科学技术的发展而继续学习的社会成员服务，以促使他们始终能跟上社

---

① 马科. 图书馆职能的历史演进［J］. 传媒论坛，2022，5（10）：96.

会的进步与发展；③为一些老年群体服务，为他们更新知识，使之适应社会。

4. 娱乐职能

在人们的生活中，文化娱乐是不可或缺的重要模块。图书馆不仅能够让读者从中汲取知识的养分，同时，还能让读者享受一定的文化娱乐服务。随着社会文明的进步和人类对生活质量的关注，人们对文化娱乐、休闲的需求越来越多。让广大社会民众走进图书馆，享受文化娱乐及休闲给人们带来的快乐，成为图书馆的另一社会职能，如图书馆可举办音乐茶座、影像放映等。真正地使图书馆成为人们生活中不可或缺的重要组成部分。

5. 社会职能

（1）引导阅读。图书馆有责任通过形式多样的阅读推广活动来倡导全民阅读，应该想方设法满足公众的公共文化需求，调动公众的阅读热情。图书馆可以通过微信、微博、网站等线上方式大力推广数字资源服务，让广大读者足不出户仍能享受到丰富的文化大餐。图书馆也可以开展了线上打卡阅读的活动，充分调动读者的阅读兴趣。

（2）文化保存。图书馆承担着保存人类精神财富的职责，在社会系统中占据着其他文化机构所不能代替的重要地位。图书馆具有保存传统文化的功能，对于保护保存历史文献、古书文集和延续人类文明发挥了极大的作用，同时，也兼具文化传播的功能。各图书馆都应当收集、整理、保存和开发利用本地区的地方文献，形成地区记忆，更好地为社会服务。

（3）增强文化道德修养。图书馆的社会职能能够增强公民的文化道德修养，公民利用丰富的图书资源和知识信息，可以增加自身文化知识，提高自身文化素养，提高自身价值。图书馆的性质是对公众全面普及书籍的，也要重视边远地区的书籍普及，让边远地区也能感受到精神文化的熏陶，提供平等的学习知识的平台，提升他们的知识文化水平，构建和谐、平等、互助的社会。图书馆同时也是城市景点，在闲暇时期，可以去图书馆里面阅读书籍，丰富精神世界，图书馆环境清新、学习氛围浓郁，有各种各样的知识讲座和文化鉴赏等服务，向人民群众传播新知识，新思想，积极的文化。

（4）智库参考。图书馆拥有海量的信息资源和各领域成果显著的专家学者，应当建立智库服务，加强与政府部门的合作，为政府决策提供参考依据。各级图书馆应当利用自身的专业信息资源为政府制定相关政策提供信息保障。图书馆应当加强与所在政府的合作，通过专业的情报收集手段，为政府制订应急预案提供专业建议。

（5）社会教育。图书馆应当依据当前社会教育现状及发展，不断调整、完善自身功能，将服务中心逐渐从提供资料转变到为民众提供素质教育及终身教育中来。图书馆应从自身的社会教育职能出发，把关不良观念的读物，给公众提供一个健康向上的阅读环境。图书馆工作人员有义务帮助公众挑选，指导大众读书，为公众提供符合社会发展需求的精神食粮。

（6）扩大知识范围。图书馆能够提升自身修养，增强知识文化水平，它以全民教育为根本出发点，不限制人民群众的职业、性别、年龄等，实现人人都有书可读。图书馆陈列的书籍种类多、范围广，人们可以有多种选择来满足自身的文化需求。图书馆的服务包括文献外借、阅览服务、参考咨询、文献展览、报告会，以及为老人和儿童提供专门服务等。图书馆可以弥补在学校学习过程中的不足，比学校更具有优势，种类齐全，可选择性高，获取的知识比在学校更为广泛。

（7）创新思维。民众的文化需求随着社会的发展不断变化，这也就要求图书馆紧跟需求的变化不断创新变革自身服务。构建新的服务项目，产生新的服务模式，是图书馆创新的途径。

### （五）图书馆的发展方向

随着文化建设高质量发展，图书馆发展前景还是比较明晰的，需要结合我国发展的实际特点，从行业建设的角度出发构筑系统健全的网络机制；层层管理，层层疏导，协调各种资源，明确未来信息资源建设的重中之重，建立清晰的整体布局，按照地区的差异化诉求，合理规划节点工作，尽可能地提升工作效率。

技术的高质量发展，使图书馆走向复合化、虚拟化。因为复合图书馆融合了虚拟图书馆与实体图书馆的优势，既能够彰显出传统图书馆在资源储备、印刷古籍保存方面的优势，还能够以视频、电子音频、图片等形式保留信息，这是对传统模式的巨大变革；这一新的运作模式使得信息检索等新的技术得到了很好的传承，也拓展和深化了基础阅读的实现路径，包括导航在内的一系列新型服务技术都促进了图书馆事业的发展与转型。未来，我们应该牢牢把握复合图书馆的特色，以此为发展方向促进图书馆职能的更好发挥，让社会享受到更加优质的图书资源。

总之，未来图书馆将进行以下变化：

第一，互通互联化。简单来说，它指的是打通用户与用户之间、馆与馆之间的根本联系，使得它们能够通过各种智能化设施感知信号，打造多元化联结的高级模式。

第二，高效环保化。①高效化。将电子信息技术引入图书馆的发展建设，可以使运作更为高效。②绿色化。坚持绿色环保、可持续的发展理念，充分发挥其智慧调整的作用，合理用电，实行文献电子化，等等。

第三，泛在便利化。便利化是图书馆建设的又一个重点方向。①图书馆应该安放无线网络，用户可以利用图书馆的网络进行检索，查阅资源。②图书馆的开发应该是全天的，用户只要有时间，只要有需求，便可以通过图书馆进行信息检索，彰显对人的高度重视。③图书馆包含的内容应该来自方方面面，应该保障其基本质量。

## 二、图书馆服务理念、构成与类型

服务一直是图书馆讨论的主题，在某种程度上也是永恒的主题。图书馆服务就是图书馆为了满足社会和用户的文献信息等多方面需求，利用自身的资源，运用多种方法所开展的一系列服务活动。“随着社会的不断发展与进步，人们对图书馆的服务也有着更高的要求与标准。”①

### （一）图书馆服务理念

图书馆服务理念是图书馆开展服务工作的理论依据和行动准则，它不仅是“为建立理想的用户关系、赢得用户信任所确定的基本信念和价值标准，同时，也是馆员在从事服务工作中应遵循的基本信念和准则”。树立正确的服务理念，为用户提供满意优质的服务，将永远是图书馆的头等大事。

服务是贯穿图书馆发展始终的原动力，服务的内涵随着时代的需求不断变更和升华。但无论图书馆如何发展，发展形态如何改变，唯一不变的是图书馆的服务宗旨，服务始终都是第一位的。“以人为本”“服务第一”的理念成为图书馆改革和发展的出发点和归宿，成为现代图书馆服务的最高理念。

### （二）图书馆服务的构成要素

图书馆服务的构成要素通常有四个，这四个要素相互联系、相互作用，从而保证图书馆各项服务工作不断变革、不断发展、不断适应读者日益发展的多元化、多层次的信息需求。

#### 1. 图书馆服务的对象

图书馆服务的对象是读者，是文献信息资源的使用者。读者是一个非常广泛的社会概念。对图书馆来说，读者通常指通过一定方式获得授权，从而具有利用图书馆各种资源权力的一切社会成员。个人、集体和单位都可以成为图书馆的读者。读者既是图书馆文献信

① 张金瑾. 关于如何创新图书馆服务理念，延伸图书馆服务内涵的探索 [J]. 传播力研究，2019，3（06）：256.

息的利用者，也是图书馆文献的接受者，离开了读者对文献信息的利用，就不会产生读者服务活动。

（1）读者的产生条件。

第一，读者的形成：①具有阅读对象——信息文本；②有阅读的需求；③具备接触、认知、使用信息的能力。读者是一定社会条件即社会经济和文明发展自然形成的结果，是信息需求者满足阅读诉求的必然结果。

基于社会经济形成的读者：文献记载社会发展，来自社会发展，来自社会的物质生产。社会物质生产水平的提高，是社会成员开展阅读活动的根本条件。

基于文明发展自然形成的读者：人是社会动物，是情感动物，需要与人交往，沟通了解信息，交流情感。沟通了解信息的方式多种多样，但是更便捷和高效率的是接触、阅读文献资料。人类只要主观上有接触、阅读文献的信息的愿望，就能产生阅读行为。文献的阅读诉求制约、影响读者其他内在意识活动，诸如认知、情感、意志、动机、态度等心理过程的发生和形成，是决定一个社会自然人是否开展阅读活动的根本的内在动因。

总之，读者概念的内涵和本质特征是社会自然人具有阅读的需求，具有一定的文化素养和阅读能力，以及真切可见的文献阅读行为。读者是指具有一定阅读需要和阅读能力的社会群体，是出版物的阅读者和消费者。读者的本质内涵是接触信息、认知信息和使用信息的社会主体。

（2）读者的结构。读者群体的结构相当复杂，有必要对其作出详细了解，以便有针对性地开展读者服务工作者结构，是指构成读者队伍的社会因素和自然因素之间内在的稳定的组织系统。特定环境下，由于受文化教育和社会任务乃至民族、地域、性别等因素的影响，趋同读者会产生相同或近似的情感、观念、态度和阅读诉求。

第一，读者结构的特点。读者结构是一种无形的客观存在，是一个动态发展变化的主体系统。读者结构虽然有一定的稳定性，但是随着历史和社会的发展，以及现实需要和读者个人发展需要的变化，而随时会发生变化和整合。读者结构具有内在联系的组织系统，在接触文献、认知文献的过程中，具有以下特点：①具有接触、认知文献的主动性和目的性。②具有接触、认知文献的选择性，主要是人的精力有限，只能选择自己最需要、最感兴趣的文献进行阅读。③接触、认知过程的中介或传输途径具有多样性。现代化的图书馆拥有多种载体文献，能为读者接触、认知文献提供所需要的中介和传输途径。④认知过程具有综合性。读者会结合自己已有的认知，不断对文献信息进行综合性加工处理，与已有的知识建立新的联系，丰富发展自己新的知识系统。⑤接触、认知文献具有创造性。

第二，读者结构的作用。不同文献的需求和使用程度受读者结构影响，不同的读者结构对馆藏书的要求也不同。读者结构展现了图书馆队伍构成，反映了图书馆的服务对象。而且，读者结构和图书馆藏结构之间相互影响、相互制约，馆藏结构和读者结构两者之间要互相调整直至匹配，才能实现图书馆的健康和谐发展。

随着读者结构发生变动，馆藏结构也要进行调整以适应这种需求；当馆藏结构建立后，要重新明确自己所服务的读者结构，不然，会降低书籍的使用率和流通率，形成“死书”或“呆滞书”。因此，读者结构的研究是非常必要的，它使我们了解和掌握图书馆的读者队伍构成现状及发展趋势，为做好图书馆服务工作提供现实依据。

第三，读者结构的类型。读者是接受图书馆作用的对象，读者的阅读活动时刻都在接受图书馆工作的影响。读者结构的类型包括性别结构、年龄结构、职业结构、文化结构。就文献的角度而言，根据读者对其应用的差异，我们可以将读者划分为三种（表 1-1）：

| 读者类型 | 读者类型解读 |
|---|---|
| 文献型读者 | 文献型读者是指在获取信息的过程中以检索纸质文献，阅读纸质文献为目的的读者。他们由于自身资源获取的特殊性，因此，对于纸质文献有着较强的依赖 |
| 网络型读者 | 网络型读者对于网络的使用十分熟悉，他们也对数字信息十分敏感，习惯了依赖平台进行资源的检索。图书馆当中的不少信息只能通过电子平台来进行检索，这也是弥补纸质文献缺失的一种有效形式 |
| 混合型读者 | 混合型读者是综合使用上述两种文献检索方式的读者，他们既会选择电子平台进行文献检索，也会利用纸质文献来查阅知识，不管对哪一种方式都没有特殊的偏好。他们会结合自己需要检索的文献来选择不同的方式，这样的读者能够获得更加全面和科学的信息 |

### 2. 图书馆服务的基础资源

基础资源是服务工作不可缺少的物质和人力条件保障。除了馆舍、软硬件、馆员等一般要素外，作为社会特殊行业的图书馆，其服务的根本基础是图书馆拥有的信息资源，它是开展一切读者服务工作的前提条件。图书馆信息资源的内容十分丰富而广泛，它是图书馆按照自己的读者群体和服务任务，通过长期的建设而形成的巨大知识宝库。图书馆的信息资源通常具有三个基本特征：①拥有海量的文献资源，包括传统的印刷型馆藏文献和强大的数据库群；②拥有的信息资源具有相互支撑、相互关联的科学体系；③拥有的资源通过各种联盟体系与外界资源构成纵横交错的联合保障体系。因此，图书馆的文献资源体系是图书馆履行社会职能，赖以生存和发展的根本条件。

### 3. 图书馆服务的方法

图书馆服务方法是指为满足读者特定的文献需求，所采用的各种文献信息服务方式和手段所构成的多层次、多功能服务的有机整体。它是读者服务工作得以实现的基本保障，也是图书馆服务的基本手段。图书馆服务方法的形成既是社会分工发展的产物，也是自身演变的结果。各种服务方法相对独立，同时，又相互渗透、相互联系，都具有相对独立的功能、效果和适用范围，有其产生和发展的历史背景。同时，各种服务方法之间又相互补充、共同发展。

图书馆服务方法主要包括图书、报刊等文献的外借服务、阅览服务、复制服务、参考咨询服务，以及数字资源的网络信息服务等。随着社会对文献信息广泛的应用，图书馆的服务体系也会不断得到提升和丰富。

#### 4. 图书馆服务的组织管理

图书馆服务的组织管理是指以先进的服务理念为指导，充分应用现代的科学方法和管理技术，对读者服务活动进行科学计划、组织、指挥、协调、控制的过程。作为图书馆服务工作顺利进行的有效组织保证，组织管理既贯穿于整个服务活动过程，同时，也贯穿于图书馆工作的全部过程，其实质是有效地运用人力、物力、财力等基本因素，对图书馆服务系统的不断运动、发展和变化进行有目的、有意义的控制，以达到最大限度满足社会文献信息需求的总体目标。

### （三）图书馆服务的类型

#### 1. 图书馆文献信息服务

图书馆利用文献信息资源直接向用户提供文献和信息的一系列活动，均属于图书馆文献信息服务。对大多数图书馆而言，文献信息服务是服务的最主要内容，如文献外借、阅览，文献检索，数据库访问等，都属于文献信息服务。在很长一个时期里，图书馆丰富、独特且经过科学组织的文献信息资源，保证了图书馆在提供文献信息服务方面具有自己的优势。进入网络时代以后，图书馆文献信息服务增加了新的内容，即利用网络获取不属于本馆馆藏的信息，为用户提供网络文献信息服务。

#### 2. 图书馆非文献信息服务

此类服务是指那些依赖于图书馆员工及图书馆建筑设备等资源提供的服务，包括由图书馆员对读者提供参考咨询、社会教育，以及利用图书馆建筑设备为读者提供娱乐休闲等。图书馆拥有训练有素、长期从事信息服务的馆员，这些馆员除了为用户提供文献信息外，还能利用自己的知识与技能、对用户提供参考咨询或社会教育服务。图书馆还具有场地，对公共图书馆而言，图书馆场地是一个市民的公共空间；对机构图书馆而言，图书馆场地是机构所服务对象的共有空间。图书馆管理者可以利用这个空间提供各种服务，用户既可以在这个空间中阅读或学习，也可利用它来进行娱乐与休闲活动。

## 第三节　图书馆服务的特征与原则

### 一、图书馆服务的新特征

随着社会与科技水平的发展及计算机和网络快速普及，图书馆的服务呈现出新的特征，其主要有：

#### （一）图书馆服务的需求个性化

随着经济社会发展对信息需求的深度和广度日益提高，读者对信息的个性化服务需求越来越突出。而图书馆通过专业馆员队伍素质的提升、现代信息技术的广泛应用以及信息综合保障能力的快速提高，为读者提供定制化、自助性、全天候的个性化服务，已成为现代图书馆读者服务工作发展的主要方向。在这样的服务过程中，读者的自主性得到张扬，个性得到满足。这种个性化的服务正逐渐成为图书馆界追求的服务新理念。

#### （二）图书馆服务的多元化

图书馆通过计算机技术、远程通信技术和网络信息处理技术有机结合建立的网络服务平台，从根本上改变了图书馆的信息资源开发、组织和控制调度状况，使读者可以方便地按主体客观需求在网络环境下集中获取所需信息，即在网络中将各类信息获取方式融为一体，实现信息交流、查询、获取、阅读和发布的一站式集成化服务。在空间上，用户不仅可以到图书馆享受比以往任何时候都优越的读者服务。更可以不用亲自到图书馆，在家里或其他任何有网络的地方通过注册就可进入图书馆网页，查阅信息资源，变远距离为近距离，跨越空间的界限；在时间上，读者可以在任何时间通过有线或无线网络访问图书馆，也可以在同一个时间段内同时检索和借阅注册过的多家图书馆的资源，通过搜索、筛选，获得他认为最需要、最合适的信息资源，方便快捷。图书馆服务呈现出多元化、立体化、全天候的特征。

#### （三）图书馆服务的文献多样化

随着数字资源的急剧增长，图书馆为读者服务的文献信息资源已呈现出印刷型文献与联机数据库、电子出版物、网络化信息资源并重的格局。信息载体多样化的发展打破了纸质文献一统天下的格局，也改变着读者利用文献的习惯与观念。读者对信息载体的需求已不再局限于印刷型文献，单一的纸质文献及其传递方式已不能满足读者多元化的信息需求，读者的信息需求越来越多地转向各种类型的数字资源。同时，以现代视频技术为手段而大量涌现的数字视频信息资源，也为人们获取丰富的多媒体信息创造了条件。因此，文献多样化使得图书馆在文献保存、信息交流和教育的基础上，极大地拓展了服务空间，信息服务保障能力也得到极大提升。

### （四）图书馆服务的信息共享化

由于网络及各种信息技术的广泛应用，图书馆信息服务的观念发生了巨大变化，人们逐渐从习惯于依靠自己所熟悉的一个图书馆获取信息服务，走向依靠图书馆联盟乃至基于共享技术整合在一起的泛在云图书馆获取信息资源。现代图书馆不再是一个个孤立存在的信息实体，而是整个社会信息网络的一个个节点。图书馆之间的信息共享服务有了越来越大的空间和自由，其交互需求与作用也越来越大。共享思想与共享技术使信息资源共享服务从来没有像现在这样成为现代图书馆服务不可或缺的有机组成部分，从而使真正意义上的信息资源共享成为图书馆服务的重要特征。

### （五）图书馆服务的交流互动化

图书馆借助网络与通信技术与读者建立起了十分便捷有效的交流关系。一方面，图书馆可以及时、准确地掌握读者的信息需求动态；另一方面，读者也可以自由地向图书馆表达具体的信息需求。

图书馆根据读者的信息需求通过有目的地搜索、过滤、加工、整理，形成信息集合，以多种途径与形式主动发送到用户终端，满足读者的信息需求。读者则足不出户就可直接、快捷地从图书馆获取自己所需的信息，减少了操作的盲目性；同时，读者还可以把个人的文献资源通过信息共享空间等渠道上传后提供给图书馆和其他读者，使图书馆与读者双方建立起通畅的互动交流机制。

### （六）图书馆服务的虚拟化

随着现代信息网络技术的广泛应用，建立在虚拟馆藏资源和虚拟信息系统机制上的新型信息服务模式逐渐形成。这种虚拟化的服务彻底改变了以文献信息资源为主线的传统图书馆服务模式。

图书馆既可以利用自有或自建的数字化馆藏资源，又可以利用电子邮件资源、网络新闻资源等多种互联网资源，这种无形的、即时的虚拟化信息服务突破了时空限制，使得图书馆为读者提供无所不在的信息服务成为可能。因此，服务虚拟化包括服务资源的虚拟化（即信息资源的数字化、虚拟化）和服务方式的虚拟化（即由面对面的阵地服务转变为面向虚拟读者、虚拟环境的服务）。其实质是图书馆由向具体人群提供实体文献服务，转变为向非具体化读者提供虚拟的数字服务。

## 二、图书馆服务的原则

图书馆服务有着特定的原则，最大限度地满足读者的信息需求是图书馆一切工作的出发点和归宿。

### （一）以人为本原则

以人为本是图书馆服务的首要原则，也是图书馆精神的精髓，以人为本就是指在图书馆服务中，坚持以满足读者需求为核心，以积极的服务态度和认真的服务精神，通过各种措施，调动一切力量，为读者充分获取和利用图书馆各种信息资源提供一切方便。

以人为本的原则体现了“一切为了读者”的服务思想和全局性的要求，即图书馆的所有文献、所有人员、所有工作都要把为读者服务当作出发点和归宿，并贯穿于一切服务过程之中。以人为本主要体现在以下几个方面：

#### 1. 方便读者

围绕图书馆服务所建立的一系列规章制度和管理办法都是为了维护大多数读者的利益。图书馆应当根据客观情况的变化及时地调整和完善规章制度，协调好图书馆、工作人员、读者三方面的关系，既要方便读者，又要建立在科学管理的基础上，真正使图书馆的服务与管理体系以保护大多数读者的利益为出发点，保证图书馆的服务健康有序地发展。

#### 2. 建立科学合理的馆藏组织与揭示体系

图书馆的馆藏随着时间的积累越来越多，内容和形式都较复杂，只有对馆藏进行科学的组织与布局，并通过多功能的目录检索体系指引读者查找文献，才能够使各种类型的读者方便及时地获得所需文献资源，便于工作人员的管理，提高服务效率和服务质量。

在图书馆的资源组织过程中，一方面，要全面收集和充分揭示文献信息资源；另一方面，要按照读者需求组织资源。为有利于读者快、精、准地检索和获得所需要的文献，图书馆应按照科学方法将馆藏文献、网络文献，以及可以共享的一切文献组织成一个有序化的资源体系，建立合理的布局，并通过一站式的统一目录体系加以全面揭示和引导。

总之，在现代图书馆，服务与管理都已广泛实现了网络化、自动化，缩短了读者查找、获得信息资源的时间，为读者利用图书馆创造了方便。图书馆应充分利用现代管理手段，建立科学合理的服务体系，主动采取多种服务方式为读者服务，体现以人为本的服务原则。

### （二）平等原则

平等原则是图书馆信息服务最基本的原则，是现代图书馆服务的基本方向，它主要体现在两个方面：

#### 1. 平等享有权利

平等意味着无贵贱之分，无高低（身份）之别，无特权之规定。平等原则强调的是图书馆要尊重、关爱每一个用户，坚决维护用户的合法权利。用户的这些合法权利包括：平等享有取得用户资格的权利。平等享有阅读的权利。平等享有个人人格和隐私不受侵犯的权利。平等享有提出咨询问题的权利。平等享有参与和监督图书馆管理的权利。平等享有遵守图书馆规章制度的权利和义务。平等享有提出合理化建议的权利。平等享有接受安全、卫生等辅助性服务的权利。平等享有对图书馆工作进行评价的权利。平等享有自己的合法权益受到侵害时提出改进、赔礼或诉讼的权利。图书馆是通过文献信息资源的传播来保障公众“认识权利”实现的机构，“读者的权利不可侵犯”应成为所有图书馆人铭记的职业信念。

#### 2. 平等享有机会

平等享有机会也就是说图书馆除了应该保障用户平等利用图书馆的权利外，还应该为所有图书馆用户提供平等利用图书馆的机会，不应有任何用户歧视。图书馆服务的平等不仅要求形式上的平等，更要求实质上的平等，要为弱势群体，如阅读能力较低的人、残疾人、犯人或不会利用现代化信息技术获取信息的用户，给予特别关注和提供特种服务，弥补用户自身能力的客观差异，维护和保障社会弱势群体利用图书馆和享用信息资源的权利。

贯彻平等的原则就要做到使信息资源尽量接近用户，方便用户使用；为用户提供相对宽松和自由的利用环境，消除用户利用图书馆的各种障碍，做到信息资源占有和利用的平等；尊重用户自主查询和利用各种信息资源的权利，坚持守密原则，不监控思想，不窥探用户的个人隐私，尽量为他们个性化的信息需求提供帮助。

### （三）方便原则

为服务对象提供方便，是任何一种服务都要追求的目标，图书馆也是通过服务来发挥其功能的。方便原则体现的是现代图书馆服务的内在品质，是图书馆业务的目标和工作努力的方向。用户在决定是否选择和利用信息时，可获得性和易用性往往超过信息本身的价值。因此，图书馆在开展信息服务时，应为用户的信息获取和信息使用提供最大的便利，创造文献与人的和谐关系。总之，从细微处方便用户，一切以方便用户为目的来开展图书馆的各项工作，让用户感到方便无处不在。

### （四）开放原则

开放原则是图书馆服务的基本原则。开放是服务的前提，没有开放便没有服务。开放服务是图书馆适应时代发展的必然趋势，是现代图书馆服务的重要特征。它包括资源开放、时间开放、人员开放和管理开放，是一种全方位的开放。

第一，将图书馆的所有馆藏资源、设施资源和人力资源向用户开放。通过实施开架借阅、加强图书宣传、健全检索体系等手段来全面揭示馆藏，使所有馆藏全部向读者开放并充分获得利用。要争取馆与馆之间相互开放资源，实现资源共享。

第二，最大限度延长读者利用图书馆的时间，尽量做到节假日不闭馆，从而保证开馆时间的完整性和连续性。而对于虚拟图书馆，则要求提供7×24小时的服务。

第三，图书馆要向所有人开放，无论其国籍、种族、年龄、地位等。图书馆不仅是社会文化教育中心，也是一个人们相互交流、休闲、娱乐的场所，更是具有综合功能的社会文化中心，每个人都应享受利用图书馆的权利。

第四，图书馆应建立用户参与管理、参与决策的机制，如设立用户监督委员会，之类的非常设机构，公布馆长信箱、设立读者意见箱等，认真听取用户对图书馆服务的意见、建议，接受他们对图书馆服务工作的监督，并在可能的情况下让读者直接参与决策过程，将反馈结果向全部用户开放。图书馆要重视用户的评价，查找差距，改进工作，以此促进图书馆服务工作开展。

### （五）满意服务原则

满意服务原则是图书馆服务诸原则中的核心原则。用户是否满意及其程度如何，是衡量图书馆服务质量的最终标准。用户对图书馆服务是否满意，实际上就是用户对图书馆的文献资源、工作人员、服务方式和环境设施等要素的预先期望与其实际感受的对比。

服务理念的满意，是图书馆的办馆宗旨、管理策略等带给用户的心理满足感。服务行为的满意，是图书馆的行为状况带给用户的心理满足状态。服务视觉的满意，是图书馆所具有的各种可视性的显在形象带给用户的心理满意状态，是图书馆理念的视觉化形式。它不仅包括对图书馆的环境、氛围、设施设备的性能的满意，也包括对图书馆及其相关工作人员职业与业务形象的满意。坚持满意服务原则，除了要坚持“一切为了读者”，积极采取多种措施、开辟多种渠道，多层次、多形式满足用户需求外，还要建立起不同层次的评价指标，分别从不同的角度进行评价以准确反映用户的满意程度，不断改进图书馆的服务工作。

### （六）特色服务原则

图书馆由于工作性质、任务、服务对象和地域的不同，在信息资源的搜集与建设、服务的方式、管理等方面，呈现出各自独特的内容或风格，显示出不同的特色。特色服务主要以特色信息资源为基础，是专业性、专题性或专指性的服务，是有针对性地满足特定用户的特殊需要的重要手段。

在网络信息资源极大丰富的今天，用户的信息需求更加趋向微观化和个性化，他们需要的是个性化的、特色化的、专业化的文献信息。因此，信息服务要有针对性和特色性，多层次、多角度地满足用户的需求。图书馆只有独树一帜，树立品牌特色服务，才能吸引更多的用户，得到更好的发展。

### （七）创新服务原则

图书馆是一个生长着的有机体，需要在不断变化与创新中发展起来的。

第一，树立创新意识，确立主动化、优质化、品牌化、专业化的服务理念。具体体现在：服务中要主动想方设法贴近用户，处处为用户着想，为他们提供尽可能多的方便；讲究“精、快、广、准”的服务质量，满足用户求新、求快、求便捷的心理；通过特色馆藏、特色服务、特色活动、特色环境等突出本馆服务特色，建立图书馆特有的品牌服务；建立一系列严格的业务规范与规则，凸显图书馆服务的专业化。

第二，创新服务内容。如在信息服务方面，要努力从文献提供服务向知识提供服务转变；加大参考咨询特别是网上虚拟参考服务的力度；增加网上信息导航；开展个性化信息服务；充分利用各种资源，开展形式多样的读者活动；等等。

第三，创新服务方法。如改变以往单一的馆藏文献借阅服务模式，利用现代网络平台，提供多种数据库服务、知识库服务，以及各种在线或离线信息服务和主动推送服务、虚拟参考咨询服务、网络呼叫、智能代理服务等。

### (八) 资源共享原则

随着社会的进步和科学技术的飞速发展，文献出版数量剧增，各种信息大量涌现。任何图书馆没有必要，也没有经费去全面搜集、存储各种信息资源。但面对用户日益增长和不断扩大的信息需求，图书馆只有树立资源共享的观念，走资源共享的道路，由“一馆之藏”转为“多馆之藏”，才能减轻单个图书馆的负担，既能最大限度地满足用户对知识、信息的需求，又能充分发挥馆藏文献信息资源的作用。资源共享将有力地促进人类知识的继承和发扬，实现人类的共同进步和发展。为此，不同系统、不同级次的图书馆要积极地加强图书馆之间的联合和合作，加强信息资源的共知、共建、共享，从而极大地提高图书馆事业在社会中的地位和发挥其知识宝库的重要作用。

# 第四节 图书馆服务的内容及方式

## 一、图书馆服务的内容

在图书馆的各项业务工作中，围绕服务形成了一个内容丰富的完整工作体系，主要包括以下五个方面：

### (一) 研究与组织读者

#### 1. 研究读者

研究读者是开展图书馆服务工作的重要内容和前提条件，它包括研究读者的文献需求和阅读规律两个主要方面。读者是图书馆这个社会组织的基本组成要素之一，是图书馆得以存在的根本。读者对图书馆的文献信息需求和利用规律，最直接、最具体地体现了社会的需要，它是图书馆赖以生存的土壤，也是图书馆一切工作的出发点和归宿。

开展读者研究有助于从总体上把握读者需求的特征和规律，提高图书馆服务的针对性，并对读者动机加以正确引导，不断改善和拓展图书馆服务的针对性，并对读者动机加以正确引导，不断改善和拓展读者服务的方式和服务领域，提高图书馆服务工作的质量与水平。

(1) 读者的文献需求研究。研究读者的文献需求就是对不同层次的读者在阅读需要、阅读目的、阅读过程中的特征及其规律进行研究。即不同层次的读者对信息资源的需求不同，读者在不同时期所需要的信息资源不同，其阅读的目的也不完全相同。此外，现代图书馆还需要特别关注读者对不同类型文献的需求差异、不同渠道获取信息的差异，以及不同信息环境下的文献需求差异。

（2）读者的阅读规律研究。这方面的研究可以从两方面着手：一方面，对读者心理及行为规律进行研究，即对读者在鉴别、提取、利用信息过程中的行为习惯和阅读规律进行研究，它既包括阅读动机、阅读兴趣、阅读能力和阅读习惯的研究，也包括对读者对文献的选择行为和文献获取行为的分析、对读者使用各类型信息资源特征的研究、读者阅读效果的评估等。另一方面，要对读者信息素养及信息意识进行研究，包括社会的发展与变化对读者文献需求意识的影响、社会环境与读者需求结构的关系等。

### 2. 组织读者

组织读者是图书馆为实现服务和管理目标而围绕服务工作实施的管理措施。它的主要任务是读者队伍的组织与发展，包括确定读者服务范围与服务重点、制订读者发展规划与计划、定期发展与登记读者、划分读者类型、掌握读者动态、组织与调整读者队伍等。

组织读者应根据图书馆的任务变化和环境变化，不断研究和掌握读者变化而展开。只有把握住读者的阅读规律，掌握读者的阅读需求，才能使图书馆服务不断与读者的需求相适应，使图书馆服务管理方式的变革与读者需求的变化同步，才能找出提高图书馆服务工作和管理工作水平的方法和途径。

发展读者队伍是组织读者工作的一项重要内容。拥有规模化的读者群体是图书馆一切工作的前提，只有拥有了广泛而确定的大量读者，图书馆的资源建设、服务管理才有了明确的目标，才能通过大量的高水平服务实现图书馆的社会价值。

受读者文化层次、信息需求、年龄、职业、工作任务等各种因素的影响，不同类型的读者对图书馆服务的期望和要求存在很大差别。并且由于图书馆的主要任务不同，资源、人员、环境和经费也很有限，图书馆需要在研究读者的基础上，通过制定不同类别读者使用图书馆的权限规则，以及读者管理系统的身份认证与权限管理，将庞大的读者群划分为在某些方面具有需求共性、使用行为共性的读者群体，从而在普遍服务的基础上实现针对不同需求的差别化服务。

读者发展、细分、管理的成果一般都通过图书馆的读者注册与身份认证管理系统固化下来。这既是了解读者、研究读者的重要资料，也是图书馆开展一切工作的基础数据，更是评价图书馆绩效、制订发展规划、进行服务与管理改革的重要基础。

## （二）组织服务

充分利用图书馆的各种资源，在深入研究和准确掌握读者需求的基础上，通过组织开展多层次、多角度的全方位服务，最大限度地满足读者的文献信息需求，是图书馆服务工作的中心环节，也是图书馆实现社会价值和最终服务目标的重要手段和方式。

图书馆服务是图书馆各项工作的外在表现形式，也是图书馆中最具活力、最富创造性的工作。组织服务工作的主要内容包括优化读者服务方式、扩大读者服务范围、增加读者服务内容和提高读者服务水平等几个方面。一个图书馆以何种方式服务于读者，主要取决于本馆的性质、规模和读者需求，而且还要随着图书馆的发展和读者需求的变化而不断变化。

图书馆的传统服务方式是根据读者的实际需求，利用馆藏资源、馆舍设备及环境条件，有区分地开展各项服务活动，包括文献查询、外借服务、阅览服务、复制服务、咨询服务、检索服务、定题服务、编译服务、报道服务、展览服务、情报服务等。随着网络的普及和计算机技术在图书馆中的广泛应用，现代图书馆的服务方式由传统的服务转向了现代化数字图书馆服务。因此，充分利用网络为读者提供服务已经成为现代图书馆的服务方向。这方面的服务包括资源检索、全文浏览、文献下载、自助借阅、虚拟参考咨询、网上读者调查、资源导航、特色数据库、移动阅读、用户文件上传与共享、个人学习空间、用户意见征集与实时交流等。

总之，图书馆服务的组织应根据本馆的具体情况和社会发展水平来决定，总的要求是用最少的投入，在最短的时间内，为最多的读者提供最好的信息资源。

## （三）宣传辅导工作

读者宣传辅导工作是图书馆教育职能的体现。它包括读者宣传、读者辅导及读者培训三个方面的内容。

### 1. 读者宣传工作

读者宣传是图书馆对读者进行科学管理的基本手段之一。宣传的目的是在了解和研究读者阅读需要的基础上，主动向读者揭示、推荐信息资源的形式与内容，宣传先进思想、科学知识、职业技术，以及广泛的文化信息，通过多种形式，把读者最关切和最需要的信息及时展现在读者的面前，吸引读者利用图书馆的各种资源和服务，使图书馆的资源得到最大限度的利用。

2. 读者辅导工作

读者辅导是指针对不同读者的具体情况，有区别地为读者答疑解惑、排忧解难。读者辅导需要图书馆员充分掌握信息资源的特征，熟悉图书馆各项服务流程，了解读者行为习惯和信息需求心理，让读者熟悉图书馆各项服务流程，了解读者行为习惯和信息需求心理，在读者利用图书馆各项服务的过程中，积极影响读者选择阅读范围，引导他们正确地选择信息资源内容，帮助他们学会利用信息资源和图书馆，有针对性地为每位读者提供帮助和信息技能指导，以促进读者更好地获得知识，提高阅读能力及阅读效果。

3. 读者培训工作

读者培训是指根据不同读者群体的共性需求，通过开展讲座、参观、课堂教学等多种方式，帮助某一读者群体提高使用图书馆及其资源的技能，提高图书馆资源的利用率。培训读者主要从两个方面入手：①培养读者的情报意识，激发他们利用图书馆的欲望，使他们自觉地认识到图书馆是自己的良师益友，是终身学习的场所；②提高读者利用图书馆和检索情报的技能，帮助他们学会利用图书馆及其资源，充分发挥图书馆的教育职能和情报职能，吸引更多的读者开发和利用图书馆资源。

### （四）服务管理

服务管理是指对图书馆读者工作部门的业务活动进行科学的组织管理，包括读者服务对象管理、读者服务人员管理、读者服务设施管理三个方面。它具体包括制订读者发展的政策和计划、服务机构设置、岗位设置、人员配置、明确岗位责任、建立健全各种规章制度、人员分工与业务流程设计优化、合理组织藏书、改进服务手段、采用先进的设备与技术手段、完善服务体制等工作。服务管理为读者创造良好的环境和条件，方便读者有效利用图书馆资源，保证图书馆服务工作健康地向前发展。

以上内容相互制约、相互作用，缺一不可。其中，组织与研究读者是开展一切读者服务工作的前提条件和基础；科学组织各项服务工作，构建层次分明、体系完整、灵活多样、富有生机的读者服务工作体系，是实现读者服务工作目标，体现图书馆社会价值的根本保障；组织各项宣传辅导活动，开展卓有成效的读者教育是提高读者素质、增强信息能力，从而提高读者服务工作成效，充分发挥图书馆效能的有效途径；加强图书馆服务管理，是顺利开展读者服务工作，有效实现上述任务的制度和组织保障。

## 二、图书馆服务的方式

### （一）个性化定题服务

网络化知识服务是一种个性化的服务，它是针对某一具体问题，按照不同客户的主题需要进行的个性化应用服务。

个性化定题服务就是在全面客观地分析用户的信息需求后，通过信息挖掘、知识发现、智能代理等技术，对各种信息资源进行过滤，得到用户所需要的、个性化的信息资源精品，并利用电子邮件、频道推送或建立用户个人网页等方式传送给用户。这种方式强调按用户需要量身定制、跟踪服务，服务过程则根据具体用户的喜好和特征来展开。具体包括定期向用户提供新到文献通报、定题选报、定题资料摘编、定题检索等多种服务方式和方法。

### （二）学科知识支撑服务

学科知识支撑服务是将精心选择和管理的学科知识库或知识单元、学科资源导航、专业化的检索工具（如专门的专业搜索引擎）、学科论坛、专业研究和会议动态、专题文献报道等集成在一个界面。这样，一方面通过提供前台服务及时与学科专家进行沟通；另一方面能够集中力量开展重点学科的信息资源建设。同时，独立的组织建制和学科馆员制度还能够使图书馆建立起与特定服务对象的长期服务关系，从而提供更为具体的连续性服务。

图书馆尤其是高校图书馆，应当积极主动地参与重点学科建设，这既是促进其自身建设发展的需要，也是办出特色、创建品牌形象的需要。图书馆如果积极参与重点学科建设，其自身的定位就得到了保证。通常来说，重点学科的建设一般都有多级专项经费作保障。因此，如何确立重点学科藏书范围，建立重点学科数据库和知识导航系统等将成为许多图书馆的一项重要任务。

### （三）数字参考咨询服务

开展数字参考咨询服务，为科学研究和管理决策提供知识辅助是现代图书馆服务不可或缺的重要组成部分。随着网络咨询业的兴起与发展，已有许多图书馆，纷纷开展了诸如“电子邮件咨询”“电话咨询”“在线实时问答咨询”等项工作。目前，最具代表性的合作虚拟数字参考咨询服务系统，该系统可以在网络环境下，通过与图书馆主页简单链接的方式提供多功能参考咨询界面，用户和馆员可以利用电子表单、邮件交互、在线聊天等方式进行咨询，对于本馆无法回答的问题，可以根据本地区合作组的情况，将问题转交给合作组中的其他成员馆回答，还可以将无法回答的问题提交给全球参考网络，通过全球参考网络中的请示管理器将问题发送到最合适的图书馆。

### （四）课题研究顾问服务

课题研究顾问服务是一种根据用户科学研究的课题（项目）需要，依靠临时团队提供知识服务的图书馆服务方式，即针对特定任务组织专门的研究团队和相关资源开展服务工作。这种模式最早是以顾问公司、诊断公司的形式存在和发展。

随着社会用户尤其是科研用户对知识资源、知识创新、专项科学研究等需求的提升，图书馆必须借鉴咨询公司、情报机构的服务方法，根据用户课题研究的需要，建立人员更加专业、分工更加有效的顾问式小组或团队，甚至可以从馆外聘请相关的专家教授，为课题委托方提供全面的查新服务、社会调研服务、知识发现和增值服务等。

### （五）虚拟知识平台服务

图书馆的数字化和网络化，将会产生“网络就是图书馆”的现实，置身于网络之中的用户，就如同置身于巨大无比的图书馆中，众多网上数字图书馆的数字馆藏构成一个无处不在的逻辑知识库，用户接触到的是用户界面及知识本身，而不关心收藏信息或知识的物理场所。因此，图书馆的物理形态已经虚拟化，形成所谓的虚拟图书馆。

虚拟知识平台要求资源的全面整合，这些资源包括图书馆内外的人才资源、藏书资源和网络资源。只有这样才能扩大图书馆的职能，将终身教育、远程教育、用户信息素质教育等新理念带入到现代的图书馆中。作为一个知识平台，图书馆可以采用网上超市的运作方式和服务策略，将知识资源的采购、加工、管理、服务等有机地结合起来，接受网络用户的监督和评价，真正从用户需求出发，实现图书馆服务的公正、公开和公平的“一站式”系统服务。目前，我国的科学院系统图书馆、高校系统图书馆都在努力营造虚拟的知识大平台，为用户提供各种知识资源，并接受用户的监督和评价。

# 第二章 现代图书馆文献信息服务体系

信息技术的发展，给文献信息资源开发创造了条件。现代图书馆文献信息的服务体系应该适应时代发展趋势，构建适合用户个性化需求的信息服体系。基于此，本章对图书馆文献信息服务、图书馆文献借阅服务、图书馆文献传递服务、图书馆非书资料服务进行论述。

## 第一节　图书馆文献信息服务

### 一、图书馆文献信息与采集

文献信息服务是指文献信息机构的整个业务工作，其中，在图书馆文献信息服务的过程中，资源采集的重要性不可忽视，它对图书馆其他方面的信息将会产生直接的影响。采集对图书馆其他方面的信息将会产生直接的影响。文献信息的采集指的是在相关目标的指引下，图书馆将多种多样的文献信息搜集起来，使得文献信息内容更为充实，形式更为多元。

#### （一）图书馆文献信息的内涵与特征

##### 1. 图书馆文献信息的内涵

图书馆文献信息有着丰富的内涵，其外延的范围也相对较大，主要包括以下层面：

（1）文献信息实现了将多种资源聚集在一起的目的。信息聚集形成一定的规范和标准之后，信息才能够被真正称作文献信息。

（2）文献信息当中的信息应该有其内在的价值。它不是将各种信息随意集合在一起的，它必须具有其内在的价值，能够被人们所有效利用。在文献信息当中，不应该包含任何无用的信息。

（3）文献信息应该具有其内在的组织架构，它不能是完全混乱的，应该是一个有序的集合体。文献信息应该是有序化的。其实，文献信息当中，可以选择的载体形式有很多种，常见的包括数字、视频、影像、文字等。因而，我们对文献信息进行了具体的概念阐述：文献信息是经由人工选择、系统组织、完善加工，并能够对人们的需求进行更好满足的资源信息集合体。

#### 2. 图书馆文献信息的特征

图书馆文献信息的特征主要表现在以下几个方面：

（1）可建设性。自然资源是天生的，是先于人类客观存在的，不以人的意志为转移。而文献信息则是人类创造的智力资源，是人们通过选择、搜集、加工、组织等手段，对社会上广泛分布的信息媒体进行聚集、整序、布局、优化形成的。

（2）知识性。知识性是文献信息能够消除人们认识上的未知性或不定性的本质属性。人们对客观事物发展的规律不了解，其实就是对该事物缺乏必要的知识。文献信息能够改变用户的知识状态，由不知到知，由知之甚少到知之较多，从而使自己的认识由不清楚、不确定向清楚、确定转化。

（3）共享性。我们常常通过资源的占有以及资源的消耗对物质资源进行使用评判，利益者之间存在明显的利益关联。对文献信息的使用能够让不同的应用者通过同一平台进行文献信息的共享。因而，从本质上而言，文献信息的共享性是尤为突出的。

（4）发展性。文献信息处于不断发展变化的过程中，因此，它具有明显的发展性，会随着时间而不断进行变化。在这个过程中，新旧信息不断进行交替，旧的信息失去其效力，新的信息随之而诞生。尤其是在互联网迅速发展的影响下，文献信息发展性特征更为明显。人类社会经济总是不断进行变化的，它是一个持续不间断的过程，新的信息总在产生，不断积累，其形态变得更为丰富，发展的趋势更加明显。

文献信息价值常常因隐形的方式呈现出来，其潜在作用十分突出，作用也通过间接的方式呈现出来。人们要不断对其进行深入研究，将文献信息的内在价值充分激发出来。在更多情况下，人们随着对信息使用程度的不断加深，不仅能够更好地掌握知识，自身的思维也得到了更好的锻炼，能力也不断增强，信息的作用真正被发挥出来。

### （二）图书馆文献信息的采集

#### 1. 图书馆文献信息的信息源

信息源指文献信息采集的信息源头，是文献信息采集中最为重要的因素。信息源越多，文献信息采集就越充分，采集所得的文献信息就越丰富。但不一定每一种信息源都是文献信息采集源。

对图书馆来说，选择文献信息采集的主要来源是各类采集工具，即各种中外文书刊的书目。书目不仅是发行系统宣传报道书刊内容的有力工具，还是信息采集人员进行图书评价、选择和审定的重要依据。

（1）中文书刊目录。

第一，征订目录。征订目录是信息采集人员订购书刊时直接使用的主要书目工具。它反映出版社的出版计划，并在书刊出版前向图书馆及其用户进行宣传，以便他们选择和预订。

第二，通报性目录和积累性目录。通报性和积累性书目是一种积累报道全国各地出版社已经出版发行的图书情况的总书目。图书馆可利用此类书目检查已入藏的文献的整体情况，并作为选购和补购书刊的依据。

第三，参考性书目。参考性书目所列图书均是已经出版发行的图书。参考性书目不直接用于订购书刊，而是供采访人员在进行文献采集工作时参考用。

第四，网上可供书目。出版发行单位借助网络向图书馆提供的可供图书目录和最新出版信息。如当当网上书店、北京图书大厦、京东网络书店等提供的书目。

第五，其他书目。可以作为文献信息采集源的还有我国编辑出版的年鉴、各出版发行单位编印的新书通报、推荐书目、主题书目、各类型文献信息机构自编的馆藏目录等。

（2）外文书刊征订目录。

第一，国内的外文书刊征订目录。我国引进原版书刊的专门机构，如中国图书进出口公司、中国教育图书进出口公司等，都编印有外文书刊征订目录，国内图书馆在选购外文书刊时，可以此征订目录作为参考工具。

第二，国外的外文书刊征订目录。国外编印的书目种类繁多，数量巨大，用途也不完全相同。通常搜集国外书目的渠道有三条：①通过贸易渠道有选择地向国外订购。②通过网络获取有关信息。③通过非贸易渠道（交换、索取或赠送）获得。主要类型有书商广告、出版预告和出版周报；国家书目；在版书目，大多数国家均有在版书目；期刊目录；新型载体文献目录指南；书籍刊物。

### 2. 图书馆文献信息的采集方法

科学合理的文献信息采集方法是多、快、好、省地采集到所需文献信息的基本保证。由于不同的文献信息可能来源于不同的发行渠道，因此，文献信息采集的方法也是丰富多彩的。

（1）购入采集方式。购入采集方式是指图书馆向出版单位和个人有偿获取文献信息的方式，包括预订、现购、邮购、代购、复制等形式。对藏书进行补充时，购入采集是一种常见的方式，它是一种重要的来源形式，能够确保图书馆文献的采集与引进更为高效，更有计划。因而，它成为藏书体系建设的一种重要方式。

第一，预订。预订指的是依据相关部门所提出的征订目录，采集工作者进行详细的圈定，将最终的结果交给发行部门，引导他们依照计划进行资源的选购与引进。预订是对文献进行采集的过程中，一种尤为关键的采集形式。它最大的优势就在于保证了资料来源渠道的科学性，也将主动权牢牢掌握在了发行者的手中。能够最大化避免重复问题的出现。它的劣势就在于发行成本太高，涉及的环节十分复杂，等等。

第二，现购。现购指的是相关人员深入门店，出版部门，对自己所需要的书刊进行选择。常见的方式包括以下两种：一是深入本区域，二是走访其他地区。这种方式最大化避免了预订的缺陷，能够及时发现哪些文献的发行量较小。缺点是容易受到货源和市场调控的限制，偶然性较大，容易造成重购现象，也很难保证文献信息采集的完整性和系统性。

第三，邮购。邮购又称函购，通常是在当地发行机构没有进货或脱销某种文献信息的情况下，特别是在一些外地出版的具有地方特色的文献信息本地没有销售的情况下，图书馆通过填写征订单并汇款，请外地的出版、发行机构用邮寄的方式帮助购买所需的文献信息。

第四，代购。代购指的是以委托的形式，委托其他工作者在外地进行文献资料的选择，代购可以是临时性的，也可以是长久性的。

第五，复制。复制是采集稀缺文献信息的有效方法，它通过各种复制手段获得所需信息媒体的复制品，用以满足用户的特殊需求。复制的方法包括抄写、扫描仪扫描、静电复印、照相复印、录音录像带转录和计算机外部存储设备拷贝等。

（2）非购入采集方式。非购入采集方式指图书馆不通过贸易渠道或不用货币购买而通过其他途径获取文献信息的方法，包括呈缴、调拨、征集、交换、捐赠等形式。许多特种文献、内部资料等学术性强、科学技术情报价值高的非卖品文献信息，都可以用这种方式来进行采集。

第一，呈缴。呈缴常常需要借助于法令形式，对于全国范围内涉及的出版方提出要求，不管是出版哪一类型的资源，都需要进行一定数量的书刊交送。其目的是保证国内出版的文献信息能够被完整收藏，文化科学遗产能够得到妥善保存。

第二，调拨。调拨指的是在相关主管机构的引导下，加之协调机构进行一定的引导，按照一定的计划将藏书进行调配，把需要的信息调拨给其他资源机构。在对文献信息进行调拨时，文献信息的来源主要包括以下三种：一是源于馆藏量丰富的部门；二是源自撤销单位；三是源自书刊积压较多，复本较大的部门。调拨能够使经费得到最大化节约，对于馆藏产生较好的补充作用。

第三，征集。征集指的是对图书馆通过多种多样的渠道，对非正式单位的资料进行收集，采取的方式有很多种，可以是上门求助的形式，也可以是发函询问的方式。也可以通过在电台播发广告或启事的形式，向社会广泛征求相关文献信息。征集的对象一般是政府机关、学术团体、公司企业、学校和科研机构。

第四，交换。交换指的是利用多种多样的渠道，图书馆将自己的信息与其他部门进行交换，也可以利用一些协调机构进行信息的交流，实现相互调节，不断调整的发展目标。一般而言，要想获得一些珍贵的文献资源，交换是一种重要的方式。

第五，捐赠。捐赠是一些团体、单位和个人通过向图书馆捐赠一定数量的文献信息，达到丰富馆藏目的的采集方式，主要包括：知名人士在晚年或去世后将其著述或藏书赠给图书馆；国外友好人士和社团为促进文化交流而进行赠书；一些出版发行商以及个人著者，将其出版发行的书刊赠给图书馆；一些厂商或企业信息部门为了推销自己的产品，无条件地赠送作为广告用的文献，如产品样本、产品说明书、产品目录、专刊等。

### 3. 图书馆文献信息采集新方式

随着网络文献信息数量的迅速增长，文献信息采集的传统方式已不能完全适应这一类新的文献信息，加之计算机技术和网络技术的普及，文献信息发行手段不断出新，新的文献信息购销模式相继出现，客观上为图书馆采集文献信息提供了更多的选择方式，主要包括网上采购、集团采购、捆绑采购、用户驱动采购等。

（1）网上采购。网上采购又称在线采购，是在互联网上直接通过网上书店采集文献信息的一种方式。其优点包括：网上书目信息量大，更新及时，可多角度反映每种文献信息的相关信息，如封面照片、作者介绍、章节目录、书评、同类资源等，便于图书馆进行选择；网上采访范围广，跨越时空的限制；节省图书馆的人力物力等。其缺点主要包括：配送系统不规范，配送服务质量经常得不到保障，需额外支付邮费或托运费；电子结算方式尚不完全，缺乏安全保障；等等。

（2）集团采购。集团采购指若干信息服务机构在有关部门或协调机构的组织下，自愿组成文献信息采购集团，集体推举谈判代表，就文献信息的价格、使用条款等问题与文献信息提供商进行谈判，在双方达成一致后，由供应商与集团中的每一个成员签订最终购买合同，购买费用由各成员自行向供应商支付。集团采购是国外信息服务机构联合起来向文献信息出版商、发行商争取优惠价格的有效方式，在我国主要应用于各信息服务机构对各种数据库资源的采集。

集团采购的优点包括：将分散购买变为集中购买，以大买主的优势享受到批量采购的优惠价格，而且集团越大，优惠越大；便于集团内各信息服务机构进行数据库资源利用方面的宣传、培训和交流，以提高数据库资源的利用率和工作人员的业务水平；可以集团的名义敦促数据库提供商不断改进服务质量等。其缺点包括：集团采购极大地压低了数字文献信息的价格，使得供应商不愿意投入更多的人力物力对数字资源进行管理和维护，服务质量下降；某些不需要购买这种数据库的信息服务机构碍于某种因素，不得不加入集团购买，从而导致资源浪费。

（3）捆绑采购。捆绑采购指图书馆在文献信息采集时，将纸质文献信息的采集和网络数据库的采集捆绑在一起，一并加以购买的方式。这主要是因为许多文献信息出版商同时拥有文献信息的纸质版、光盘版和网络版，为了维持不同载体形式的文献信息的生产，他们希望图书馆能够采集不同载体形式的文献信息；或图书馆为了满足用户多方面的需求，也需要对不同载体形式的文献信息予以采集。捆绑采集具体分为两种情况：一是以购买一定金额的纸质文献信息为前提，同时，购买网络数据库；二是以购买网络资源为前提，同时，获得优惠购买该资源的纸质或光盘型文献信息的权利。

捆绑采购的优点是在购买一种载体形式的文献信息时，可以优惠获得该资源的其他载体形式，节省了采购经费，丰富了图书馆的馆藏结构，满足了用户多方面的需求。但这种模式将不同形式的文献信息强行捆绑在一起进行购销，也给一些文献信息采集量不大且采购类型比较单一的小型服务机构带来了不便。

（4）用户驱动采购。用户驱动采购是按照载体的差异，细化而成。用户驱动采购的优点包括：①缓解图书馆的经费压力；②基于用户需求采购资源，提高了馆藏建设的针对性和文献的利用率，保证了资金投入的效益，更体现了图书馆以用户为中心的馆藏建设理念。同时，作为一种新型的资源采购模式，用户驱动采购也存在着一些问题，如何控制购书经费的支出，如何确定触发购买的标准，等等。

#### 4. 图书馆文献信息的采集流程

在文献信息建设过程中，资源采集是第一步，这是其他工作得以顺利开展的根本，也为高质量信息服务奠定了基础。从具体的采集流程来看，可以将其分为以下三个阶段：

（1）选择阶段。选择阶段是文献信息采集的准备阶段，具体分为三个步骤：广泛搜集各种书目信息，根据书目信息圈选准备购买的文献信息，对圈选出的文献信息进行查重。

图书馆在选购文献信息时，首先要广泛搜集各种文献信息的征订目录和其他目录，以了解社会上文献信息的出版发行情况。书目信息越充分，对文献信息的选择就越自由，文献信息采集工作才越主动。

在掌握了大量书目信息的基础上，就要对书目报道的文献信息进行圈选。圈选是以图书馆的性质、任务、用户需求和文献信息本身的内容质量等为依据进行的。

圈选初步决定购买的文献信息后，还要对其进行查重。查重指检查核对图书馆对本次圈选出的文献信息以前是否已经进行过采集，采集的数量是多少，以避免重复采集。查重是保证文献信息采访质量，控制文献信息复本量不合理增加，节约人力和经费的重要手段。只有在确定圈选出的信息媒体以前没有采集过，或虽已采集但复本量不足的情况下，才能对圈选出的文献信息进行采集。

（2）订购阶段。订购阶段指图书馆根据文献信息的性质和特点选择文献信息采集的方式。多数情况下，图书馆主要采用订购的方式，通过向文献信息发行机构发送订单直接采集文献信息。

（3）验收登记阶段。图书馆在收到所采集的文献信息时，必须及时对其进行验收和登记。验收登记是文献信息采集过程中的最后阶段，是保证文献信息采集质量的重要措施，也是保证所采集文献信息完整性的必要手段。

文献信息的验收包括外观、数量验收和内容、质量验收。验收工作之后，要对文献信息进行登记。登记又称登录，是为图书馆采集入藏的文献信息建立详细的财产账和明细账的过程。登记必须做到完整、准确、及时、一致，即登记账上的记录应当同实际文献信息的入藏情况完全相同。验收登记结束之后，采访人员还需要对所有发票和清单进行汇总，检查发票所开具的各个项目是否正确，然后及时履行付款和报销手续。

## 二、图书馆文献信息服务的特征与要素

图书馆的文献信息服务是图书馆将各种文献信息，包括纸质的、数字化的，以及网络信息资源提供给用户。“文献信息服务是图书馆的主要服务内容之一，通过为读者提供文献信息服务，针对用户的需求，从而满足用户的信息需求。”① 此外，作为社会文化与教育中心的图书馆，开展宣传、教育、导读等服务活动也是其信息服务的主要方面，图书馆信息服务的实质就是向用户传递知识、交流信息、进行教育、丰富文化生活。

### （一）图书馆文献信息服务的特征

第一，服务方式多样化。图书馆面对众多的读者，读者的需求是不同的，图书馆开展

① 李彩彩．图书馆文献信息服务的途径及发展方向［J］．办公室业务，2014，188（03）：127.

的活动也是有针对性，所带来的服务也是不同的。从读者角度看需要的服务是 VIP 的快捷服务，图书馆设置了各服务部门，来应对读者的需求服务形式。现代图书馆结合信息服务特征，开展远程、数字、移动方式等服务，来满足读者多样化的文献服务需求。

第二，服务内容个性化。图书馆面对多元化、个性化的用户，根据读者需要及时开展个性化服务，为特定的信息找到特定的用户，使信息发挥最大效用。目前，基于网络环境的个性化信息服务模式已初露端倪，大体有词表导航、推送服务、信息传播服务等中介信息服务。

第三，服务手段网络化。图书馆的服务重点已经由传统的文献信息服务转变到网络化信息服务。利用数据库、电子出版物、电子邮件等形式的多种服务手段，为读者咨询除了面对面、信函、电话等外，还利用终端机通过网络进行信息远程查询，在网上进行交互式问答，通过电子函件进行服务，读者的检索可以随时随地在网上进行，查询范围也超越了馆藏的界限，可以利用整个网络世界的信息资源。

第四，服务范围远程化。互联网的出现，使单个图书馆成为信息网络上的一个节点，人们可以在网络中使用全地区、全国、全球的信息资源，读者对图书馆存取方式可以不受时空限制。

### （二）图书馆文献信息服务的要素

第一，信息服务的对象，亦即信息用户，它是信息的接收者，也是推动图书馆信息服务发展的原始动力。

第二，信息提供者，亦即服务者，也就是图书馆及其相关人员，他们通过对文献资源的选择、加工、整理，形成信息产品来满足用户的信息需求，它是信息服务的主体。

第三，信息产品，它是指经过图书馆收集、整理、加工出来的各种已知的或潜在的社会信息、科学知识及科研成果，它构成了信息服务区别于其他服务的本质特征。

第四，信息服务方法，如推送技术、软件技术、视频技术等，它是开展信息服务过程中所运用的各种技术与方法，是提高信息服务效率的必备手段。

第五，信息服务设施，如馆舍、图书流动车等服务场所和计算机、通信设备、复印机等技术设备，它是开展信息服务的物质基础。

## 三、图书馆文献信息服务的内容与方式

### （一）图书馆文献信息服务的内容

一般意义上的文献信息服务，其内容主要包括以下三个方面：

第一，文献信息服务对象研究工作。文献信息服务对象研究工作就是调查研究文献信息用户的工作。要为文献信息用户提供有针对性的文献信息，必须研究用户，了解用户，掌握用户的文献信息需求规律以及用户获取和利用文献信息的行为规律。因此，调查、分析和发现用户的文献信息需求、文献信息获取行为和文献信息利用行为规律是文献信息服务工作的重要组成部分。

第二，直接为用户提供文献信息的工作。直接为用户提供文献信息的工作，就是将文献信息机构储存的文献信息以不同的方式提供给用户利用，直接为用户服务的工作。这是文献信息服务的主要方面，其具体内容包括对用户进行文献信息知识教育或其他有关知识教育，文献信息宣传报道服务，文献信息外借服务、阅览服务、复制服务，文献信息咨询服务、定点服务、定题服务等。

第三，文献信息服务的组织管理工作。文献信息服务的组织管理工作就是对文献信息服务的各个方面进行计划、组织、指挥、控制和调节的工作。为使直接为用户提供文献信息的工作顺利而有效地进行，必须加强对文献信息服务的组织管理，因此，文献信息服务的组织管理也是文献信息服务工作的重要组成部分。具体来说，文献信息的组织管理包括文献信息服务对象管理、文献信息服务人员管理、文献信息服务设施管理、文献信息服务时间管理、文献信息服务统计等。以上三方面的工作相互作用、相互制约，缺一不可。其中，直接为用户提供文献信息的工作是文献信息服务工作的主体，文献信息服务对象研究工作是直接为用户提供文献信息的工作的前提，文献信息服务的组织管理工作是搞好直接为用户提供文献信息的工作的保证。

### （二）图书馆文献信息服务的方式

图书馆文献信息服务是图书馆以馆藏为主体，通过搜集、处理、存储、传递各种文献信息并提供技术服务的一项工作。其服务的方式有：

第一，传统方式。传统的文献信息服务主要包括外借服务、阅览服务、视听服务、馆外流动借阅和文献复制服务等。它是图书馆信息服务中最基本、最直接、最经常，也是最大量的一种服务方式，是图书馆的主要服务内容。它是读者利用图书馆中各种文献的主要渠道，是图书馆文献资源与读者之间联系的“纽带”，也是衡量图书馆工作好坏的重要标志之一。

第二，现代方式。现代信息服务是传统文献服务的延续和发展。一方面，涵盖了传统文献服务项目，采用先进技术，改善服务手段，取得更好的服务效果；另一方面，开发出许多新的服务领域和服务形式。严格地讲，它代表图书馆服务的水平和效果，其主要服务方式有图书馆自动化服务、网站服务、电子文献检索和文献传递服务等。现代方式包括：①个性化信息服务。个性化服务是指图书馆根据用户的特性提供具有针对性的信息内容或系统功能，能够满足用户的个人信息需求的一种服务，它包括个性化信息定制服务、个性化信息推送服务、学科信息门户服务、个性化信息推荐服务和个性化信息检索服务几种形式，是培养个性、引导知识信息消费、促进知识创新的人性化服务，是当前图书馆信息服务的重要内容和发展的趋势。②现代参考咨询服务。参考咨询是图书馆参考咨询人员针对用户提出的疑难问题，利用各种参考工具、检索文献、专题数据库及网络资源，帮助用户查询或直接提供有关文献、信息及信息检索途径，用个别解答的方式为用户服务的一种服务方式。参考咨询服务的形式与内容随时代而发展。

# 第二节　图书馆文献借阅服务

## 一、图书馆文献外借服务

文献外借服务是指信息服务机构利用一定的空间和设施为用户创造各种阅览条件，让用户在指定时间和场所进行文献的阅读，或将文献出借给用户的一种信息服务方式。

图书馆收藏大量文献的目的是供读者阅读利用的，文献对外出借就是最主要的方式。图书馆有大量的文献（主要是印刷型文献）读者需要用较长的时间才能通读完，因此，图书馆允许读者通过办理必要的手续后将馆藏文献携出馆外，并在一定时期内归还。在规定的期限内享受自由使用的权利并承担保管、保护义务。文献外借是最受读者欢迎和读者最常用的方法。文献外借满足了读者在阅读时间、阅读方式、阅读范围等方面的需求。图书馆通常将有复本的普通书刊提供外借，对那些无复本或按规定不允许外借的文献则采用其他方式提供服务。

### （一）图书馆文献外借服务的特征

外借服务方法，是满足读者将部分藏书借出馆外自由阅读的方法。它在一定程度上满足了读者阅读文献的需要，同时，也比较方便，普遍受到读者的欢迎，因而成为传统的、基本的服务方法之一。图书馆文献外借服务的特征如下：

第一，它可以使读者不受图书馆时间和空间的限制，极大地方便读者利用图书馆文献资源。由于图书馆接待读者的时间和空间是有限的，难以满足大量的读者经常在图书馆内阅读文献的需要。通过外借服务方法，读者可以在规定的期限内，自由地安排阅读时间和地点，不受图书馆开放时间和阅览室空间的限制，从而充分利用所借的书刊文献。

第二，可以降低图书馆工作人员借还图书的工作量，减缓阅览室空间紧张的矛盾。长期以来，由于我国图书馆读者服务手段落后，图书馆工作人员劳动强度大，以及阅览室空间紧张，已经成为图书馆读者服务工作发展的桎梏。要降低和减少读者服务的劳动强度，缓和有限的空间设施和读者日益强烈的文献需求之间的矛盾，就要在外借服务方法上进行改革和创新。

第三，能够诱导读者潜在需求向现实需求的转化，促进读者阅读行为的产生。由于外借服务方法提供给读者的是以整本书刊为单位的原始文献，比较直观。尤其是在开架借阅过程中，读者与文献直接接触，可以刺激读者阅读欲望的产生，使潜在的需求转化为现实需求，从而产生阅读行为。对那些不能前来或不能常来图书馆的潜在读者，通过巡回外借服务、送书上门、馆外流通、邮寄借书等形式，使他们方便地借到和利用自己所需要的文献，以充分满足他们的文献需求。

第四，不能满足读者的全部借阅需求。由于外借服务方法不仅有外借范围、品种和期限等方面的限制，而且对读者的借阅权限也有限制，并非所有的读者都能享受外借图书的权利，因此，它只能满足读者的部分文献需求。

第五，文献破损率较高，影响文献的使用寿命。由于文献经常处于流通状态，使文献的外观形态受到损害，从而影响文献的使用寿命。

正是由于外借服务方法的这些特征，促使图书馆既要最大程度地发挥外借服务方法的有效功能，又要采用其他的服务方法，以弥补外借服务方法的不足，从多方面满足读者的文献需求。

### （二）图书馆文献外借服务的形式

外借服务方法有多种形式。根据各种读者的组织形式和需求程度，可以把外借服务方法归纳为以下几种具体形式：

#### 1. 个人外借

个人外借是图书馆文献外借最传统、最基本的形式。读者要在图书馆办理借书证或借书卡（磁卡），凭借书证或借书卡，以个人读者的身份在馆内设置的借书处外借馆藏文献。根据读者外借文献内容的需求、馆藏文献的类型、读者类型的不同，图书馆可以分别设置功能不同的借书处，用于满足读者的不同需求。个人外借作为图书馆为读者服务的基本形式，是图书馆文献流通数量最大的形式。

2. 集体外借

集体外借是图书馆为群体读者服务的方法。按照图书馆的规定办理集体借书证，由专人负责，代表小组成员或单位读者向图书馆借书处集体外借批量文献，以满足集体读者和单位读者共同的阅读需求。集体外借的文献品种多、数量大、周期长。

在借阅周期内，读者可以从图书馆借出的文献中，自由的交换调阅自己所需的文献。集体外借，一人借书，众人享用，减少了其他人往返图书馆外借文献的困难和时间。这种服务方法在方便读者、满足读者阅读需要的同时，还可以利用图书馆合理安排分配有限文献，缓和供求矛盾，节省接待读者的时间。因此，这种方法在公共图书馆、学校图书馆、科学专业图书馆采用得非常普遍。

3. 馆际互借

馆际互借是图书馆之间、图书馆与文献情报部门之间建立馆际协作关系。由于各图书馆的任务不同，收藏文献范围、类别、类型等不同，为了解决本馆文献无法满足读者阅读需求的问题，帮助读者从其他图书馆借阅文献的一种服务方法。通过邮寄或直接外借的方式，为读者间接借阅所需文献。这种外借服务方法，不仅适用于本地区图书馆之间、图书馆与文献，报部门之间，同时，还适用于国内图书馆之间，甚至国际图书馆之间或图书馆与文献情报部门之间。因此，这种方法变馆藏为地区之藏、国家之藏，以至世界之藏，打破了馆藏资源的封闭界限，也打破了读者利用图书馆文献的空间界限，实现了不同范围、不同地区文献信息资源的共享。这种服务方法已成为解决读者特殊文献需求的重要方法。

4. 预约借书

预约借书是指读者向图书馆预约登记某种需要借阅但暂时借不到的文献，待读者所需文献入藏后或其他读者将文献归还图书馆后，即按照预约登记的先后顺序通知读者到馆办理借阅手续的一种外借服务方法。这种方法在满足读者的借阅需求、方便读者的同时，对降低文献“拒借率”提高馆藏文献的利用率有十分明显的作用。

5. 邮寄借书

邮寄借书是一种通过邮政通信手段将读者所需文献邮寄给读者利用的服务方法。这种方法的服务对象可以是个人读者，也可以是集体读者或单位读者。开展邮寄借书，对远离图书馆且急需借阅文献的读者用户来说，为他们提供了一种行之有效的服务方法。因此，这种方法深受读者用户的欢迎，也是图书馆“一切为了读者”服务精神的体现。

6. 流动借书

流动借书是一种通过馆外流通站、流动服务车等手段，将馆内文献送到读者用户身边开展借阅活动的服务方法。馆外流通借书扩大了文献流通的范围，方便了不能直接到馆借阅文献的读者，密切了图书馆与读者的联系，满足了读者阅读文献的迫切需求。

图书馆定期将部分馆藏文献送到馆外供读者选择借阅。这种方式可方便不能亲自来馆的读者，扩大文献流通范围，密切图书馆与公众的联系，是基层图书馆经常采用的形式。图书馆广泛开展多种多样的流动服务，为远离图书馆或不便于到馆的读者及潜在读者提供的馆外文献服务。

## 二、图书馆文献阅览服务

文献阅览服务是图书馆另一项最基本、最受欢迎的读者服务，是利用图书馆的文献、建筑、设备等条件，吸引读者利用图书馆资源的一种服务方式，它是图书馆读者服务的一种主要方式。各级各类图书馆都设有不同类型的阅览室，配备有一定数量的服务人员，直接为读者提供文献，开展阅览服务。

### （一）图书馆阅览服务的特征与对象类型

#### 1. 图书馆阅览服务的特征

阅览服务与其他服务方法相比，具有以下几个特征：

（1）具有完备的辅助书库藏书体系。在一般情况下，图书馆为提供阅览服务的阅览室，配备了供读者阅读和参考使用的辅助书库，这些辅助书库根据不同读者类型、不同使用方式配备了类型齐全、新颖丰富、使用价值较高的各种文献，包括了许多不外借的文献（如期刊、工具书、二次文献、特种文献、珍贵文献、手稿典籍等），优先保证读者在阅览室的阅读利用。因而，阅览室辅助藏书具有全面性、现实性、针对性、流动性的特征。

（2）读者可以在阅览室内充分利用文献内容。由于阅览室将丰富的藏书陈列于室内，使读者能够按照自己的专业和需求，自由选择文献中的篇章段落、数据图表，以及特定知识和信息，不受数量品种的限制。同时，读者还可以利用图书馆的特殊阅读设备，如显微设备、视听设备、复制设备等，这些都为满足读者对文献的可读、可查、方便、可行的要求提供了现实条件。既满足读者对特定文献的需求，又可以避免文献的不必要外流，提高了文献的利用率。

（3）就室阅读。就室阅读可以说是阅览服务最明显的一个特征。由于阅览室的辅助藏书品种多，复本量小，在内容上保持相对稳定、全面、系统和完善，为读者的文献利用提供了丰富的文献资源。通过就室阅览，满足读者特殊的需求，提高文献周转速度，尤其是对一些在外借服务中不能提供的文献，读者可以通过就室阅读进行利用。

（4）为读者提供了良好的阅读环境。一般来说，阅览室有宽敞的空间、舒适的桌椅、精良的设备、明亮的光线、整洁的环境、安静的气氛，为读者学习和研究提供了良好的环境。有些专门的阅览室，如声像阅览室、缩微阅览室等，还配有供阅读视听资料和缩微资料之用的阅览设备，这样的阅读环境和条件是其他任何地方也无法比拟的。所以，当读者走进阅览室时，就会被浓厚的学习气氛所感染，从而自觉地投身于恬静肃穆的学习环境之中，大大提高阅读效率。

（5）图书馆工作人员可以认真地观察、分析和研究读者。读者在阅览室阅读的时间多，周期长，有的读者甚至长期利用阅览室的文献，使图书馆工作者有较多的机会去接触读者，了解读者，掌握读者文献需求的动向和阅读效果，辅导读者利用各种检索工具查找文献线索，从而增强了馆员与读者的联系。

### 2. 图书馆阅览服务的对象类型

根据图书馆借阅方式划分，有以下几种类型：

（1）临时读者。临时读者是指因暂时的阅读需求到图书馆利用馆藏文献的尚未注册的读者。临时读者未办理图书馆的借阅凭证，与图书馆之间没有借书和阅读的契约，没有建立正式的服务与被服务的关系，只是偶尔到图书馆进行借阅活动。临时读者也包括个人读者、集体读者和单位读者三种类型。

（2）个体读者。个体读者是图书馆服务的主要读者类型，也是图书馆的主要服务对象，它是以社会自然人为单位独立地利用图书馆从事阅读活动的个人用户，其中，包括各种不同类型的个体读者，见表2-1。

表2-1　不同类型的个体读者

| 读者类型 | 类型特点 |
| --- | --- |
| 少儿读者 | 少儿读者即少年儿童读者，少儿是指6~15岁的少年儿童，由于这个年龄段的少儿主要是中小学学生，所以也称为中小学读者。少儿读者阅读需求主要有特点：多层次性、从众性、周期性 |
| 大学生读者 | 大学生读者具有双重的阅读特点，既是青年读者又是学生读者，既有着繁重的学业负担，又有着对文化知识的渴求。他们是各类图书馆读者的生力军，也是图书馆服务工作的主要对象 |
| 教师读者 | 教师读者是指从事各类教育教学的读者，既包括普通高等学校、各类成人高等教育学校、中等专科学校、中小学及各类培训教育机构的教师，也包括特殊学校的教师和幼儿教师 |

续表

| 读者类型 | 类型特点 |
|---|---|
| 科技读者 | 科技读者是指各行各业各界从事科学技术研究的读者，其中，包括科学技术研究人员、工程技术人员、医生、作家和文艺工作者等 |
| 公务员读者 | 公务员读者是指在国家党政机关工作的读者。这类读者从事各级各部门的行政管理和决策工作，需要考察各种现实的或潜在的因素，作为制定政策、规划和实施管理时的参考依据，所以公务员读者阅读行为特点表现为比其他类型读者更关注具有战略前瞻意义的综合动态信息和专业、行业领域的事实性信息 |
| 工人读者 | 工人读者是指在厂矿企业、商贸、交通运输、邮电、建筑、服务行业及第三产业从事体力劳动的读者 |
| 农民读者 | 农民读者是指身居农村、以农林畜牧渔等大农业生产为业的读者 |
| 残疾人读者 | 残疾人读者是指在生理上存在一定缺陷，失去部分生理功能，难以进行正常阅读的特殊的读者群体。这类读者除患有心脑残疾外，阅读需求和阅读能力与常人一样 |
| 居民读者 | 居民读者是指在城市有固定居住地和户籍地的，不属于上述各读者类型的读者。居民读者是图书馆的服务对象，其中包括从事个体或集体劳动的就业职工、离退休老年居民，以及其他无职业人员，包括下岗职工 |

（3）集体读者。集体读者是指由若干人自愿组合、以一定的组织形式利用图书馆文献的集体用户。其组织形式多种多样，如读者小组、读报小组、自学小组、科研小组、写作小组等。他们以自愿的方式组成阅读学习研究的群体，具有共同的阅读爱好和需求，对所阅读内容的选择和采用的阅读方式也具有高度的同一性，并在一定期限内，集体借阅一定范围的文献。他们有的在同一个单位工作，有的从事同一种职业，是同一学校师生，有的共同研究某一项目，在一定期限内，集体阅读一定范围的文献。他们在借阅数量、借阅期限和借阅方式等方面不同于个体读者。当然，集体读者也可以是有约定的，能在一起沟通交流，通过图书馆网查阅文献数据的虚拟集体读者。虚拟个体读者可以结合成集体读者用户群。

集体读者是图书馆特殊的服务对象，我们在为其提供服务时应积极采取有助于他们的学习研究的方式和方法，最大限度地满足他们对所需文献的阅读需求。

（4）单位读者。单位读者是指以固定机构为单位利用图书馆的团体用户。图书馆单位读者的特点是作为一种传递馆藏文献的中转机构。它充当文献传递的中介职能：①根据本机构或本单位读者的需要，直接向图书馆借阅或调阅馆藏文献；②直接将馆藏文献传递给读者使用。它只负责中转文献，归口借还，而不负责文献的长期保管。单位读者是为本单位员工利用图书馆文献资源提供服务的一种特殊组织，所借文献为本单位的个人或集体使用。

单位读者与集体读者明显的不同是，集体读者的阅读行为是自发的，而单位读者的阅读活动是法人单位和机构组织发起和布置的。当然在单位或机构工作的个人读者或集体读者，可以通过本单位或本机构，以单位或机构的名义直接与图书馆建立文献借阅或调阅关系，图书馆直接为单位读者注册立户，单位用户指定专人负责与图书馆建立借阅关系，负责本单位读者的借阅服务工作。单位读者有三种类型：①固定服务单位的用户；②图书馆的分支机构，如高等院校的分馆或院系资料室；③与本馆建立了馆际互借关系的兄弟图书馆。

（5）虚拟读者。虚拟读者，即在图书馆外远程访问图书馆网站、享受图书馆服务的读者。在互联网信息时代，图书馆读者群体必然由单一的“到馆读者”分化为“到馆读者”和“虚拟读者”，界定两种类别的依据是读者是否亲临图书馆。互联网、新媒体的出现，改变了人类文献处理、运用的方式，人们不用到馆也可以根据自己的需求，运用虚拟资料，来满足自己对文献的需求，所以在互联网、新媒体环境下，图书馆读者必然由过去单一的“到馆读者”分化为“到馆读者”与“虚拟读者”两类。

同一读者可以既是到馆读者，也是虚拟读者。到馆时，到馆读者是“显形”的现实读者，开展文献阅读活动，享受图书馆各项服务。虚拟读者是“隐形”读者，他们在馆外的时空中使用图书馆数字文献时可以虚拟阅读，享受图书馆的馆外虚拟服务。

虚拟读者还可以有其他的分类，依据访问图书馆网络的权限来给虚拟读者分类，有以下几类：①基础的普通网民，他们不享受深度服务的权利，只能访问图书馆公开的电子资源。②较之基础普通网民（虚拟读者）享受更多图书馆网络资源服务权利的联盟者。

### （二）图书馆阅览室的类型

设置各类型的阅览室，发挥各自的作用，并使它们形成相互配合、相互补充、有机联系的阅览室体系，以尽可能全面而又有区分地满足各类读者的不同需要，是搞好阅览服务的基本保证。设置阅览室的数量、类型与规模，应依图书馆的实际条件和读者需要而定。

综观各类型图书馆所设置的阅览室，大体可分为三类型，即普通阅览室、分科阅览室和参考研究室。各种阅览室在设置目的、藏书范围、读者对象以及具体作用上，都有其不同的特征。

1. 普通阅览室

普通阅览室是为读者一般性的学习和阅读提供参考自学的场所，通常配备了常用性的书刊资料，其内容范围综合广泛，现实性强，适用于各个层次的读者选择。普通阅览室一般规模较大，座位较多，利用率极高，接待读者广泛集中，借阅手续简单方便，很受读者欢迎。普通阅览室按照阅读活动的使用方式，可以分为三种组织形式：

（1）单独配备辅助书库的普通阅览室。这种阅览室的辅助书库与阅览室既分开又相连，读者查找目录，填写借书单，等候馆员取书，押证借出，就室阅览，也称闭架借书阅览室。

（2）室内陈列藏书的普通阅览室。其辅助藏书与阅览室结合在一起，读者可直接在室内开架的书架上自由选取，就近阅览，不须办理任何借还手续，也称开架阅览。

（3）读者自带书刊自学的阅览室。室内不配备系统辅助藏书，只配备少量现期报纸杂志，允许读者自带书刊进入室内学习，具有自修学习室的性质。

2. 分科阅览室

分科阅览室是为满足不同类型的读者对象对特定文献的不同需求层次而设立的专门阅览室。它通常根据知识门类、读者类型、文献类型和载体形式进行组织，从而成为图书馆阅览服务体系的主体部分。

（1）各种知识类别的分科阅览室，是按知识门类设置的。这种阅览室集中了某些学科范围的系统藏书，便于读者按专业和课题查找和利用文献，也便于工作人员熟悉、研究某些学科知识与文献，向专业化方向发展，成为专业文献专家。如社会科学阅览室、自然科学阅览室、文学艺术阅览室、应用科技阅览室等。

（2）各种读者类型的阅览室，是按读者对象设置的分科阅览室。这种阅览室的设置是为了从读者群的职业、年龄、文化程度及对文献的特殊需要出发，有针对性、有区分地为不同读者群开展阅览服务，便于工作人员专门熟悉和研究某些特定读者的阅读心理、阅读需要、阅读特征与阅读效果，成为读者阅读与检索文献的助手和参谋。

（3）各种藏书载体的分科阅览室，是按文献的载体形式设置的分科阅览室。这种阅览室的设置是为了专门管理和集中使用具有特殊条件的各类型出版物，满足读者对某些功能显著的文献类型的系统需要。如古籍善本阅览室、缩微资料阅览室、视听资料阅览室等。此外，还有按语言文字设置的阅览室，如外文图书阅览室、少数民族语阅览室等，以便为懂得有关语种的读者提供集中查阅和参考利用。

3. 参考研究室

参考研究室是为有关专家读者进行科学研究活动专门设置的集阅读、研讨于一体的多功能研究室。这是一种特殊类型的阅览室，是为了满足科学、教育、文艺及其他专业工作人员从事科学研究或创作，需要集中一段时间参考阅读有关方面的文献而专门开辟的。它具有如下特征：规模较小，专人专用；时间较短，集中利用；内容专业，针对性强；及时更换，灵活方便；等等。参考研究室在整个阅览室体系中，格局独特，既是阅览室，又是研究室、会议室和业务办公室。而且参考研究室对辅助藏书的要求非常严格，多由专家亲自挑选和使用。目前，许多国家的图书馆在其布局上发生了很大的变化，如在书库与阅览室之间设置参考研究室，以满足读者的特殊需要。

### （三）图书馆阅览服务方式

文献阅览服务是图书馆读者服务的重要文献流通服务，它不仅受到所有图书馆的重视和广泛采用，而且阅览服务方式也在不断的创新和发展。从许多图书馆读者工作的实践看，文献阅览服务的方式主要有下列四种：

#### 1. 闭架阅览方式

闭架阅览方式是指不允许读者进入文献库在书架上自由挑选所需文献，而必须通过馆员提取才能借阅馆藏文献的一种借阅方式。在这种阅览服务方式中，读者可以进入阅览室，但不允许进入书库自我提取阅览所需文献，只能通过阅览室的图书馆员，由图书馆员代取。因此，读者要阅读适合自己需要的某种文献时，必须按照阅览室的规定，通过查阅目录，填写借书单，由服务人员到书库凭借书单，办理借阅手续后，才能阅读使用。用后即刻返还，不能携带出馆外。

#### 2. 开架阅览方式

开架阅览方式是指允许读者进入阅览室或书库，并在书架上自由挑选取阅文献的一种服务方式。在这种阅览服务方式中，读者具有高度的自由权。首先，读者进入阅览室或阅览室的辅助书库时，没有任何限制；其次，读者可以在书架上随意挑选文献，取阅文献。因此，这种阅览服务方式深受读者的欢迎，也是现代图书馆服务方式发展的一种趋势。

#### 3. 半开架阅览方式

半开架阅览方式是指图书馆利用陈列展览的形式，将部分流通量大的文献或最新入藏的文献安放在特制的可视书架上，读者可以看到书籍或封面上的有关内容，进行浏览挑选，并通过图书馆员提取借阅的一种阅览服务方式。这种阅览服务方式，有人称之为“亮架式”。

“半开架阅览方式”与“闭架阅览方式”相比，对读者的开放程度相对高一些。读者在挑选借阅文献时，“半开架阅览方式”与“开架阅览方式”相比，对读者限制多一些，读者最渴求的是一种自由挑选、独立使用的权利，在这种服务方式中读者受到诸多限制，最重要的是不能自由取阅，必须通过图书馆员的传递。

此外，在这种服务方式下，图书馆提供给读者利用的文献只是馆藏文献的一小部分，远远不能满足读者的阅读需求。因此，“半开架阅览方式”作为一种介于“开架阅览方式”与“闭架阅览方式”之间的辅助阅览体制，尽管其有独特的作用，但只能作为一种特定条件下的辅助方式采用。有条件的图书馆，还应该尽可能地采用“开架阅览方式”。

#### 4. 三结合阅览方式

“三结合阅览方式”，是指在图书馆为读者提供阅览服务时，同时，采用“开架”“半开架”和“闭架”的方式。采用这种阅览方式，一般做法是根据馆藏文献的复本多少、新旧程度、参考价值和读者需求等方面的情况，将一部分文献公开陈列在阅览室内供读者随意阅览；一部分文献在半开架书架上由图书馆员帮助借阅；一部分文献收藏在书库中，读者通过查找目录后，通过图书馆员办理借阅手续在阅览室内阅读。

### （四）图书馆阅览服务管理

从图书馆为读者服务的阅览方式、阅览室的类型、数量都将影响到图书馆的工作效果。为此，每个图书馆在设置阅览室时，都要认真研究本馆的实际情况，比如，本馆的性质、任务，本馆的馆藏文献量和特征，本馆的读者数量和主要成分，以及本馆的客观条件等，建立的各类型、各种功能的阅览室。在阅览室具体设置、布局之时，要尽力考虑阅览室的环境条件，比如光线是否明亮、空气是否流通、环境是否清洁整齐、安静舒适、是否具有浓厚的文化、科学氛围等。为读者看书学习、研究问题提供一个良好的环境。

#### 1. 读者的管理

对读者的管理要求做到管理方法科学、服务态度端正。阅览室工作人员要把读者当作图书馆的主人，当作自己的朋友，在管理读者的时候要尽力改进工作方法，态度热情和蔼，讲话亲切诚恳，注意语言的艺术和技巧。

读者工作的实践经验告诉我们，一个条件完备、馆藏文献丰富的阅览室，必须有完善的规章制度来保证。因此，在具体制定阅览服务的规章制度时，要明确规定每一个阅览室的馆藏文献特征和它的重点服务对象；要明确规定读者利用阅览室的基本条件和具体使用馆藏文献的方法步骤；要明确规定读者爱护书刊的要求和丢损书刊后应承担的责任；要明确规定读者和图书馆员都应维护的公共秩序和公共环境的基本要求。如此等等，都是应当在阅览服务制度中明确规定的内容。与此同时，还要在具体工作服务过程中，认真贯彻执行有关规章制度的内容，使规章制度能落到实处。

2. 工作人员的管理

阅览室的各项管理工作都必须靠工作人员去做，因此，要做好阅览室各项工作，首先要加强工作人员自身的管理，提高自身的素质。其次加强学习，具备广博的科学文化知识、专业知识和扎实的图书情报业务知识以及较强的服务工作能力。馆员还要有观察、了解、分析读者的能力，以及谦虚谨慎、互相尊重、相互支持、团结协作的美德，才能共同搞好阅览室工作。

3. 文献的管理

图书文献是人类数千年智慧的承载物，是图书馆赖以完成基本工作任务的物质基础。因此，阅览室所收藏的文献必须适用于主要服务对象，必须具有广泛的适用性，如学生开架阅览室的文献，必须适合广大学生教学参考的需要，非教学参考书不作为重点收藏对象。对馆藏文献布局和排架，也必须讲究科学性、合理性。相关学科的文献应集中到同一处，不能分散排架，并且对文献进行细排架，以方便读者查找。

## 第三节　图书馆文献传递服务

### 一、文献传递与文献传递服务概述

文献传递是将用户所需的文献复制品以有效的方式和合理的费用，直接或间接传递给用户的一种非返还式的文献提供服务，它具有快速、高效、简便的特征。“文献传递服务源于传统的馆际互借服务，是提供者通过互联网技术，运用现代化的设备，将文献传递给用户的一种服务，也是网络信息条件下对传统馆际互借服务的延伸和拓展。”①

现代意义的文献传递是在信息技术的支撑下从馆际互借发展而来，但又优于馆际互借的一种服务。通过开展文献传递服务，不仅缓解了图书馆经费、资源不足与读者日益增长的文献需求之间的矛盾，也对教学科研起到了很好的支撑作用。

文献传递是文献资源共享的重要方式之一，文献传递服务是图书馆或其他文献收藏机

---

① 张华，零芷婕. 地方高校图书馆文献传递社会化服务探索——以北部湾大学图书馆为例［J］. 黑龙江教师发展学院学报，2022，41（08）：146.

构根据读者要求，直接向他们提供所需文献的服务方式。文献传递服务主要是通过复制、拷贝、扫描原文，然后采用邮寄、传真、E-mail 等方式将文献传递到用户。如今，文献传递服务已经成为当代图书馆一个非常重要的服务领域，这项在世界发达国家图书馆已经开展了几十年的服务充分适应现代读者的需求和图书馆业务拓展的特征，已经越来越展示出它强大的生命力。

## 二、图书馆文献传递的运作模式

### （一）国家集中型传递模式

文献传递在不同的国家和地区有不同的模式，模式的形成受各方面因素的制约，在一个地区或国家并没有绝对的单种模式单独存在，通常是多种模式共存并用。在英国、法国、加拿大往往偏重采取一种集中型的传递模式，即一个国家级的图书馆或文献中心集中提供这个国家文献的基本保障，同时也向国外提供文献传递服务。例如，大英图书馆文献提供中心就是这种集中文献传递的代表，是基于几十年积累的颇具特色的海量馆藏和优质服务而成为世界上最大的文献提供机构。

### （二）馆际合作型的传递模式

馆际合作型的传递模式采取由许多图书馆共同组成并共同支撑的一个超大型的馆际联合机构，这个馆际联合机构可能是国家型的，也可能是区域型的。世界图书馆联机系统可以方便用户进行馆际互借，在图书馆管理系统提供的馆际互借子系统中，建立了专为用户设计的一种新的集中与分散相结合的文献传递联机信息服务系统。它拥有统一的终端用户界面，用户只需简单的操作就可以完成联机查询的整个过程。

世界图书馆联机系统还提供一些数据库访问，用户可直接通过文献供应商、动态信息中心或另一个使用世界图书馆联机系统的图书馆，用电子方式订购文献，一旦请求发出，世界图书馆联机系统就会自动将其请求轮流发送到潜在的各个出借单位，直到请求得到满意的响应为止。由于技术上的支持，目前，世界图书馆联机系统已完成了传统的文献传递服务向互联网网络化服务的过渡，成为一家具有全球意义的图书馆联合机构。在我国，以中国高等教育文献保障系统为代表的文献传递系统也采用这种服务模式。

# 第四节　图书馆非书资料服务

非书资料，也称非印刷型资料，是指馆藏中除印刷型出版物之外，通过现代技术方法与手段，将知识记录和储存在纸张以外的物质载体上的所有文献。非书资料服务，也是图书馆传统服务的一种形式，它和印刷型文献服务的方式有很大区别，它是印刷型书刊资料的进一步补充与完善。非书资料包括录音制品、录像制品、缩微幻灯片和投影片、电影片、多载体非书资料图片、模型、智力玩具、机读件等。非书资料产生于19世纪末，具有生动形象、传递迅速、体积小、重量轻、成本较低、需借助设备使用等特征。非书资料主要有缩微资料、视听资料、机读资料等类型。

## 一、图书馆非书资料的特征与优点

非书资料的出现是现代科学技术成果直接应用于知识的存储和记录与传播手段的结果。因此，非书资料有着与传统印刷型资料不同的特征，如容量大、储存时间长、复制方便、原始记录事件过程。

非书资料的优点包括以下几方面：

第一，直感性强。非书资料是知识文字化和声像化结合的产物，具有传播速度快、范围广、声像并茂、直感性强的特征。

第二，融趣味性和知识性于一体。音像资料的内容往往是通过声音和形象等方式记录在不同的载体上，以声音和图像表达了知识和信息的内容，所以它本身具有一种魅力，即它的趣味性和知识性，比单纯依靠语言和文字的交流更能引起读者的兴趣。读者在使用非书资料的过程中，不仅要不停地视、听，而且还要不断地动脑筋思考、分析、动口说、动手写，充分发挥了人类身体各器官的功能。

第三，复制简单，携带方便。非书资料的制作可以依据读者的要求，在较短时间内编辑制作，大量生产，并能随时修订利用的途径和学习的内容，还可以自行制作，适合特殊的需要，因而它能达到读者和制作者之间及时和双向的思想交流。非书资料使用简便，储存及流通方便。

第四，检索方便，传递迅速。非书资料在传递信息过程中，具有灵活性、选择性和多途径的检索入口，它为情报调研提供了新的有力工具，使科研人员、教师及时掌握本学科目前在国内外的发展动态，为选择课题、确定研究方向和备课提供了有效服务。

由于录入技术的不断发展，大大地提高了非书资料的内容密度。同时，由于信息处理的高技术、高水平和传真的效果，充实了难以用文字表达的信息资源，不但使信息资源得到了更广泛的开发利用，而且发展了高层次的信息服务。

第五，补充纸本图书的不足。非书资料在教学中的运用，可以弥补书本知识不足，使学生感觉到第二课堂的优越性，起到课堂教学的延伸与扩展作用，大大提高了学生的语言交际能力。

## 二、图书馆非书资料的类型

### （一）缩微资料

缩微资料指用缩微照相的方式将原始文献缩小若干倍数存储在感光材料上，并借助于专用阅读器而使用的文献。缩微资料包括现有图书、报刊等印刷文献的缩微复制品和原始出版物。缩微资料具有的特征包括：①缩微文献的体积小、重量轻，可以节省存储空间；②计算机技术与缩微技术的结合，使缩微文献规格统一，易于实现检索的机械化和自动化；③缩微文献一般是原始文献的再现，因此，可以真实再现原件的原貌，记录准确；④缩微文献易于复制，可制成多份拷贝片，便于分地保管，广为利用，还可以避免对原件的损坏；⑤缩微文献必须借助专门的阅读设备才能利用，而且阅读过程费时费力，多次阅读之后，胶片容易造成划伤，影像阅读效果。

### （二）视听与影像资料

视听与影像资料是指以磁性材料、光学材料等记录载体，利用专门的机械装置记录与显示声音和图像的文献。视听与影像制品具有的特征包括：①视听与影像制品以形象、音响、光电信号等特殊信息记录方式为手段，信息记录在胶片、胶卷、磁带等感光或磁性材料上，存储介质丰富；②与普通图书相比，视听与影像制品体积小，重量轻，节约存储空间；③视听与影像制品运用了声音、图像等不同方式传播信息，信息表达不仅清晰、准确，而且形象、直观，信息传播的真实性和完整性比普通图书要好；④视听与影像制品的使用必须借助专门的设备，而且对视听与影像制品的保管需要满足一定的条件，例如，温度、湿度等，以延长文献的使用期限。

### （三）机读资料

机读资料是通过计算机存贮和阅读的文献。机读资料是以磁化材料为载体，以数字代码与文字图像为信息符号，用编码与程序设计手段，通过计算机存储与传播知识信息的文献资料，也称之为“电子型文献资源”。它的特征是：密度高、容量大；数据检索处理速度快，效率高；可高速度远距离传输文献信息。机读资料按存储载体可分为磁带、磁盘、光盘等类型，其中，磁盘和光盘是主要的机读文献载体类型。

## 三、图书馆非书资料服务与管理

### （一）图书馆非书资料服务形式

非书资料服务一般主要采用馆内服务、馆外服务、自由交换服务等三种方式。

**1．馆内服务**

馆内视听服务的具体做法是通过设置不同类型的视听室为读者利用不同内容、载体的视听文献提供方便。目前，较为普遍的做法是设置下列视听服务室：

（1）音像文献视听室。音像文献视听室是图书馆通过配置有关的录放像设备、录放音设备，诸如录像机、放像机、电影机、电影放映机、投影机、录音机、收音机、留声机、幻灯机，以及建立技术含量更高的多媒体音像文献服务系统，为读者学习、研究、欣赏有关音像文献服务的一种方式。读者通过“音像文献视听室”，可以学习有关的科学知识，可以学习自己喜爱的语言，也可以尽情地进行音乐欣赏或观看自己喜爱的电影或录像。因此，“音像文献视听室”已成为许多读者乐于利用的服务形式。为此，有条件的图书馆可以通过建立“大、中、小”相结合，既适用于个体读者，又适用于集体读者的视听空间，为读者、用户提供更多、更好、更方便的服务。

（2）电子文献阅览室。电子文献阅览室也可称为电子读物阅览室或电子阅览室。它是图书馆通过配置多媒体电子计算机设备及建立相应的局域网系统，为读者查检利用数字化电子文献而设置的电子文献服务系统。在电子文献阅览室中，读者可以查阅利用各类型的数字化文献。由于电子文献阅览室是技术含量较高的服务系统，因此，读者既可以在此感受到内容丰富、形式多样、生动形象、感染力强的视听享受，又可以在此“广、快、精、准”地获取所需要的文献信息。

（3）缩微文献阅览室。缩微文献阅览室是图书馆通过配置不同规格、不同功能的缩微文献阅读器等设备，为读者查找利用馆藏“缩微品”的服务系统。近年来，为了加快抢救历史珍贵文献的工作，我国图书馆在全国图书馆文献缩微中心的支持、指导下，配置了技术含量很高的缩微拍摄编辑制作系统，生产了数量极大、品质优良的“缩微型”图书。此外，不少图书馆还通过图书出版部门收藏了大量的“缩微型”文献。不少图书馆为了让广大读者查找利用馆藏的许多珍贵的历史文献，纷纷通过建立“缩微文献阅览室”来为读者提供服务。条件好的图书馆为了让读者得到相对完整且逼真的文献，还专门为读者配置了缩微阅读复印机。

#### 2. 馆外流通服务

图书馆一般情况下是不允许把非书资料带出馆外的，但随着“以人为本”“一切为了读者”的思想的深化，在部分图书馆中，视听文献的“外借流通服务”也在悄悄地开展起来。由于这种服务方式符合读者的需求，是一项民心行动，因而深受读者欢迎。随着时间的推移，这种突破思维定式的服务工作在更多的图书馆开展起来。由于视听文献的载体比印刷型文献复杂、多样，因此，视听文献外借服务的管理和运作显得相对复杂一些，对文献的完整程度的判断也显得困难一些。为此，凡是开展视听文献“外借流通服务”的图书馆都要认真研究相应的对策，从而把读者欢迎的好事办好。

#### 3. 自由交换服务

自由交换服务是指从馆藏中选择多余的复本，以“会员制”方式在读者中的“会员”范围内开展“自由交换服务”。

通过开展非书资料的“自由交换服务”，既可以让读者互通有无，又可以变废为宝，让那些闲置的视听文献找到新的用户，从而充分发挥其应有的作用。作为“自由交换服务”的主体，图书馆应为开展这项活动提供必要的场所和用于会员交换所必需的一定数量的基础性非书资料，同时，还承担日常管理和服务工作。目前，尽管开展非书资料“自由交换服务”的图书馆还不是十分普遍，但这种服务符合民心、民意，可以相信，它将随着图书馆事业的发展而发展，具有无限的生命力。

### （二）图书馆非书资料的服务管理

非书资料的服务已经成为图书馆读者服务工作的重要组成部分，建设好非书资料服务系统是图书馆读者服务工作的重要内容。非书资料服务系统的建立涉及服务场所设备、文献采购、设备维护、服务方式、人员配备等多方面的因素，因此，加强科学管理是必要的。

从图书馆非书资料服务工作的实践看，尽管每个图书馆都可以根据本馆的实际去建立具有自己特色的服务技术系统，但从每个图书馆的服务工作需要考虑，从现代技术发展的条件考虑，在保证科学性和实用性的前提下，建设一套多功能的服务系统是十分必要的，也是完全可能的。

目前，国内外有好多技术设备系统，对有条件的图书馆，应该在充分市场调研的基础上，在现有系统中，选择具有发展潜能的技术先进的自动化系统是必要的。因为，非书资料的服务工作中最基本也是最重要的就是要建立一套功能齐全、兼容性强、运作稳定、优质高效的技术系统，才能使设备运行自如，读者使用起来得心应手。

非书资料服务对场所是有一定要求的，有特殊性的。场地要有足够适当的面积，为以后扩建、升级做好准备；要有独立、封闭的房间，综合考虑图书馆的动静分区，不能影响阅览区的读者阅读；同时，还应注意温度、防潮、防尘等因素。

在选择非书资料文献时，应注意文献与本馆设备功能的匹配，文艺类视听文献要注意娱乐性、思想性、健康性。

非书资料服务系统是技术性特强的服务体系，建立、健全视听服务的规章制度十分必要。非书资料服务的规章制度不但包括一般的使用规则、条例等管理制度，而且更重要的是对技术操作规程和安全保障等做出明确的规定。对于涉及国家安全和网络安全管理的基本要求，也必须通过规章条例予以明示。

# 第三章 现代图书馆服务评价体系研究

服务是图书馆的灵魂，服务评价是促进图书馆发展的重要工具。信息化的不断发展使新时期图书馆信息服务面临严峻挑战，如何建立和完善一套契合现代图书馆实际的服务评价体系显得紧迫而重要。基于此，本章对图书馆服务评价概述、图书馆服务评价的工具、图书馆服务评价体系构建进行论述。

## 第一节　图书馆服务评价概述

图书馆服务评价①是一个理论与实践相结合的过程，是指在一定的价值观指导下，用一定的技术和方法收集图书馆整个服务系统或者某种服务形式、某种服务产品的信息，并且依据所获得的这些信息，以服务目标为依据对服务过程和效果作出客观的衡量和价值判断，从而为不断完善自我和为决策提供依据的过程。

### 一、图书馆服务评价的目的与特性

#### （一）图书馆服务评价的目的

评价是为一定目的服务的，是一种改进工作的工具，这也就决定了评价的“实践”特性——评价不是一种纯智力型的学术研究，而是搜集有用的数据以解决实际问题，为决策服务的活动。具体地讲，图书馆服务评价的主要目的就是通过系统收集有关用户服务工作的各种数据与资料，进行全面的价值分析和综合判断，在肯定成绩的基础上，找出服务工

---

①　图书馆服务评价是以服务为评价对象，以服务质量为评价内容，采用某种方法或者标准对服务工作及其服务产品进行优劣评判和价值估算。

作中存在的问题和不足，提出改进意见和建议，以利于被评客体——图书馆工作和图书馆的服务人员明确自身建设和发展的方向，同时，也有利于政府和图书馆的主管部门加强对图书馆的指导和监督，促使图书馆服务工作的水平和质量不断提高，实现“以评促改，以评促建，评建结合”的目的。

图书馆服务评价的主要目的有：①宣传图书馆的资源与服务，体现图书馆的价值；②通过反馈获取用户的需求，进一步满足用户的需求；③发现工作中的不足，制定改进方案；④争取用户的参与，使服务针对性更强；⑤使服务具有一定的超前性，超出用户的期望值。

### （二）图书馆服务评价的特性

按照服务的特殊性，读者对图书馆服务的需要可以转变为如下的服务评价基本特性：

第一，可靠性。承诺的服务是否全部兑现，服务过程中的差错情况。

第二，保证性。保证性是指服务效能上满足用户的需要程度，如随着社会的发展，用户对图书馆的需求已经呈多元化、个性化发展趋势，图书馆在服务功能上是否能够满足用户的这一需求。

第三，经济性。经济性是指图书馆为用户提供服务的成本，或者用户获得服务所需要的费用合理程度，通常与服务深度相联系。

第四，反应性。反应性是指用户在获取服务时所等待的时间和图书馆为用户提供的服务时间，包括及时、准确和省时等三个方面的要求。

第五，可感知性。可感知性是指在服务提供过程中，馆员的文明程度，如亲切友好的态度，清洁、优美、舒适、安全的环境，和谐的气氛等方面的要求。

## 二、图书馆服务评价的类型与原则

### （一）图书馆服务评价的类型

图书馆服务评价依据不同的分类标准，其类型也各有不同，如按照所涉及的范围可以分为广义服务评价和狭义服务评价两种，按照所涉及内容的多少可以分为单项服务评价和综合性服务评价两种，就其目的的不同通常分为“过程性评价”与“总结性评价”，按照参与评价的人员可分为内部评价与外部评价，按照图书馆服务评价所涉及的内容和服务成效可以分为服务工作的职能效果评价、经济效果评价和社会效果评价；从图书馆服务评价所涉及的工作看，有图书馆服务条件的评价（本质上就是图书馆办馆条件评估）、图书馆服务水平和质量的评价、图书馆服务量的评价以及图书馆服务效果的评价等。

图书馆服务的过程性评价是通过诊断服务方案或者计划、服务过程与活动中存在的问题，为正在进行的服务活动提供反馈信息，以提高实践中正在进行的服务活动质量的评价。一般地说，过程性评价不以区分评价对象的优良程度为目的，不重视对被评对象进行分等鉴定，只是一种方法性评价。而图书馆服务的总结性评价则是在服务活动发生后关于服务效果的判断，一般地，它与分等鉴定、做出服务资源分配等决策相联系。

图书馆服务的内部评价是在图书馆内部，依据相应的质量方针和质量标准，对阶段性服务工作所进行的评价，包括信息服务人员的自我评价和主管领导的评价。内部评价的目的在于，完善服务方针和目标，规范服务行为，提高服务质量。图书馆服务的外部评价是由用户群体所进行的评价，是基于服务价值的评价。它的评价具有较强的独立性和客观性。外部评价不仅对信息服务进行评价，还可以评价“内部评价”，并且纠正内部评价中存在的偏差和错误，规范内部评价的行为导向。以往图书馆服务评价多数是图书馆内部评价，由图书馆领导或者部门相互评价，评价往往是由图书馆内部制定某些评价项目而进行的，不能反映用户对图书馆服务的认可。

按照图书馆服务的职能效果评价是指考察和评估图书馆各种专门服务，如外借、阅览、参考咨询、文献检索等各种服务量和服务人数，它是衡量图书馆各项具体服务成果的指标，这类指标旨在引导图书馆拓展服务的广度和深度，使图书馆的有限资源在更广阔的时空范围内发挥作用；经济效果评价是指图书馆服务活动所产生的效果与为此效果所付出的劳动、物资技术和资金的比较；而社会效果评价是指对图书馆的服务活动满足了用户需要的情况进行评价，这种需要可以是学习提高、科研探索和文娱欣赏等多个方面。以往图书馆的社会效果因为图书馆功能的多样性往往难以具体衡量，只好体现在职能效果之中。

图书馆服务条件的评价就是对图书馆的所有服务资源进行质和量的评价，包括馆舍、馆藏资源、人力资源、设施资源、服务环境等。图书馆服务质量的评价就是对图书馆在文献信息服务过程中的服务水平进行评价，特别是用户对图书馆服务的满意度进行评价。图书馆服务量的评价就是对一个图书馆的各项服务在数量上进行评估，包括用户总量和分项服务数量。

在图书馆服务评价工作中，并不是运用单一的方法，而是以往几种评价方法的综合运用。

## （二）图书馆服务评价的原则

服务评价是图书馆实现服务目标，推动服务发展的重要手段。要使评价能够准确宏观、真实全面地反映评价对象的现状，还需要从七个方面进行综合评价。

### 1. 科学性与可行性相结合

科学性是指服务评价的各项评估指标和标准都要切合图书馆的实际情况，反映图书馆工作规律，既要在整体上抓住影响图书馆用户服务效益的最主要因素，又要使每项指标能够明确地从一个侧面反映出图书馆的服务工作，所定标准要与评估目的和目标保持一致，以保证评估的信度和效度。

可行性是指在实际工作中必须尽可能简化评估方案，要求用最少量的指标最大限度地满足评估的要求，使每个指标具有较强的可操作性，并且能够得出明确的结论、判断，做到用最少量的投入达到最佳的评估效果。

科学性与可行性既有统一的一面，又有一定的差别。所以，我们的服务评价既要看科学性，又要看可行性，要全面与重点相结合，既注意到工作的总体，又注重抓工作的重点，既要遵循服务工作本身的规律，做到符合政策要求，又要面向实际，承认差别，区别对待。评价要在简明、可行性方面，使评价具有普遍意义，实用可行，便于接受。

### 2. 主体与客体相结合

认识论认为，评价事物的价值有三个要素：主体、标准和客体。评价主体的价值是通过客体根据标准对主体进行评价，明确主体、客体是评价事物价值的前提条件；标准是指主体和客体对主体作用于客体和客体反映主体的共同约定，这里称之为“评价因子”。在图书馆服务体系中，图书馆是服务主体，用户是服务客体，服务因子是用户评价图书馆服务的标准。图书馆服务评价的首要任务是让用户对图书馆服务进行评价。另外，图书馆作为服务的主体由三个要素组成（资源、人、信息产品），要素的优劣直接影响评价的结果，理应对主体进行一定程度的自我评价。因此，图书馆服务评价要做到主体与客体相结合。

### 3. 定性与定量相结合

图书馆的服务大部分是无形的，涉及的因素是比较复杂的，既有文献信息资源方面的原因，又有馆员的工作水平问题，还有用户方面的因素。服务的效果有些是直接的，有些是间接的，有些是明显的，有些是潜在的。因此，服务评估的标准应该有多种，既有定性分析，又有定量分析。

定性是在评价中要确定事物的性质；所谓定量，就是在评价中要确定事物的量，也就是量化。任何事物都有质的规定性和量的规定性，定性和定量二者缺一不可，不能偏废。在具体操作中，对于无法量化的事物，可以采取具体描述的方法，就是把指标定得比较具体，能够看得见、摸得着，并且用具体的语言加以描述。如馆员的思想品德是很难量化的，我们可以定出一些具体指标进行评价。同时，我们还可以对事物分等级，分配一定的权重，用分值进行评价。如评价馆员的某种表现，优秀 5 分、良好 4 分、合格 3 分等，这种量化性的描述与量化有所不同，必须慎重使用。采取描述与量化相结合，把服务的可测性目标与不可测性目标有机地统一起来，完善评价机制。

4. 服务因子全面性和专业性相结合

正确科学地评价图书馆服务质量，关键任务就是如何制定一个合理、严谨的标准。对图书馆来说，服务因子的选择至关重要。在选择服务因子时应该遵循全面性和专业性相结合的原则。由于图书馆服务有其自身的特征，如服务方式众多，信息范围较广泛和专业，服务对象多层次，服务效果滞后性，信息产品模糊性等，这些特征体现在整个图书馆服务体系中，因此服务因子的选取要尽量全面，而不能只注重某一方面。另外，图书馆往往会根据自身特色制定特殊的服务项目，具有较强的专业性。这些服务的优劣直接体现其服务质量、服务水平和服务层次，在选择服务因子时也应该注重特色服务。

5. 总结性评价与过程性评价相结合

总结性评价是以图书馆服务的终结作为评价依据的，而终结是过程的形成表现。图书馆服务评价要把结果和过程结合起来，既要看服务的结果和总结，又要考察服务的全过程，也就是既要考核图书馆服务的职能效果，也要考核经济效果和社会效果，这样因果才能得到统一，使评价更加全面客观，更有科学价值。

6. 评价模型科学性和协调性相结合

评价模型的选取要遵循科学性和协调性相结合的原则。所谓评价模型科学性，主要包括：①评价方式要合理；②收集的数据要真实有效；③质量分析方法要科学；④评价结果要充分体现服务质量的优劣。评价模型协调性是指在进行评价过程中，允许对服务因子加权平衡、修改内涵等协调处理。主要原因是图书馆服务受诸多因素的制约和干扰，如用户的变更、资源的变化、服务人员的流动等因素直接影响评价结果，在某一个时段内会出现与实际情况并不相符的现象，这时需要通过某种方式来平衡协调。

7. 服务评价与服务督导相结合

服务评价是对动态下的图书馆服务工作做静态的分析与鉴定，客观地反映一个时期用户服务的现状和水平。但是这还不够，还应该通过服务评价，探究服务过程，权衡服务得失，使评价能动地对服务过程起调整、控制、促进和完善的作用，使静态评价变为动态评价，达到评价的全部目的。因此，在评价过程中要注意发现问题、寻找规律、总结经验、及时反馈信息、采取针对性措施，不断改进工作。那种只评价不指导，光下结论不提供服务改进方法的做法是起不到评价的真正作用的。

## 三、图书馆服务评价的层次与步骤

### （一）图书馆服务评价的层次

图书馆服务评价具有诊断功能、反馈功能、激励功能、调控管理功能。因此，图书馆服务评价可以分为以下层次：

第一，服务能力评价。服务能力是指图书馆所具备的用于提供其所承诺的或者用户所需求的各项服务的基本条件。服务能力评价通常与图书馆的各类资源投入相关，涉及建筑、人员、经费、设备等多种因素。图书馆对外部环境（包括需求、资源、机会等）的了解和把握以及在此基础上确定的规划和目标，也将对其服务活动产生重大影响。因此，在对图书馆服务能力进行评价时，还需要综合考查其目标定位是否准确、规划设计是否合理，以及相应的配套保障措施是否完备等。

第二，服务过程评价。服务过程评价是基于全面质量管理思想，对服务流程各个环节规范性程度及其运行效率所做的评价。全面质量管理的核心在于不断改进生产作业流程，该方法用于图书馆服务评价时，通常是根据一些特定的服务规程或者指南，对图书馆服务内容是否完备、服务方法是否科学、服务程序是否规范、服务活动开展是否高效等方面进行检查和评价。

第三，服务结果评价。服务结果评价是对图书馆服务目标实现效果，特别是对用户需求满足情况的评价，具体包括图书馆投入各类服务的资源使用效率，服务活动的产出验证以及图书馆服务的经济价值、社会影响的宏观把握等。

### （二）图书馆服务评价的步骤

图书馆服务评价是一项专业性和技术性都很强的工作，为了保证服务评价的质量，达到评价的预期目的，应该按照科学的程序组织服务评价，具体如下：

#### 1. 评价的准备

确定评价对象、评价主体、评价目标（指标体系和标准）和评价方案，建立一定的评价组织。评价的准备是整个评价过程的基础。

服务评价的对象主要是图书馆文献信息服务工作的水平和质量，其次是服务的数量。更具体地讲，评估对象应该涉及图书馆为用户服务的范围、内容、层次、形式，服务工作的水准与效率，自适应能力，满足用户文献信息等需求的程度与状况以及有关工作人员的素质、敬业精神、业务能力和发展潜力等。

图书馆服务评价的主体，应该是图书馆的服务对象——用户。这是因为，图书馆作为一个服务系统，它的硬件设施和馆员只是保证图书馆服务质量和水平的条件，而用户的满意程度才是最终评价图书馆服务质量的根本点。如果没有用户的评价，只能说是一种片面的评价。

一方面，读者或者说用户对图书馆服务满意与否的评价，是评定图书馆服务质量和服务水平的重要标准。另一方面，来自外部的专家，也可以在服务评价中发挥重要的作用，他们可以从不同的视角来对被评对象作出分析和判断，提出有益的意见和建议，以利于图书馆服务工作效益达到更高的境界。同时，被评客体——从事服务工作的馆员，在整个评估中始终是一个十分重要而又特殊的角色，首先，他们是被评对象，他们本身和工作成效都要接受用户和专家们的检查、质询和评价，其次，他们又是评价中和评价后改进工作的具体承担者。因此，在图书馆服务评价中，要注意调动和发挥图书馆工作人员的作用，以经常性的自我评价作为图书馆服务评价的基础之一。

#### 2. 评价的实施

即相互沟通、收集信息、处理和分析信息资料等。评价的实施是整个评价过程中影响最大的一个阶段。为了保证图书馆服务评价的质量和可信度，最好在正式评价之前可以先组织部分用户选择试点部门或者服务项目进行预评价，以便取得经验并进一步完善评价方案。

在实施正式评价时，可以分为搜集评价信息、整理评价信息、处理评价信息、作出综合评价四个阶段。评价信息是进行服务评价的客观依据，是作出科学结论的必要条件，因此，评价信息的搜集是进行图书馆服务评价的基础条件。整理评价信息主要是对评价信息的全面性、准确性、适应性以及收集资料方法的可靠性反复加以核实，将搜集到的全部评价信息进行检查、分类和保存，以便于使用。处理评价信息，就是运用定性和定量的方法处理评价信息，将评价对象在各项评价指标中呈现出来的特征运用数学或者其他方法处理成为评价结果。而运用有关的理论和方法，将分项评定的结果汇总成综合评价结果。

#### 3. 评价的分析与决策

评价的分析与决策，即作出评价结论、交流评价信息（分析评价结果和评价本身的质量）和作出新的决策，它是评价实施阶段的延续。评价的分析不仅仅是对被评者存在问题的分析，它还包括对评价本身的分析。对评价活动本身质量的分析，在实践中往往被人们所忽视，但它是服务评价的一项重要工作。能否根据一次评价活动的结论来制定政策，在很大程度上取决于评价活动本身的质量是否得到了保证。同时，对评价本身质量的分析，又为我们研究评价的准备和评价实施阶段的质量提供了必要的保证。因此，评价活动的这三个阶段事实上是紧密相连的。

## 四、图书馆服务评价的标准

图书馆在社会系统中的地位和作用，决定了其服务过程的社会性，而其服务目标也使得图书馆在提供服务时必须是面向大众的群体行为。传统的图书馆服务标准一般以办馆条件为重点评估内容，而从 20 世纪 70 年代以来，评价标准的重点逐步从重视图书馆本身条件而向读者的满意程度转变。如果以满足读者需求为重要依据，主要包括以下四个方面：

### （一）读者满意率

读者对图书馆的评价就会根据自己的期望，图书馆服务越能够满足读者需要，读者就越满意。读者进图书馆的目的就是从中获得他所需要的资料，那么图书馆的图书、期刊、电子信息或者其他资料能否满足读者的需求，便是读者对图书馆进行评价的一个方面。

图书馆的图书、期刊数量多少和质量好坏是图书馆服务的一个决定性因素，尽管图书馆资源逐渐趋于数字化，但是短期内，丰富的馆藏资源仍然是我们服务和实力的最重要的标准之一。

对于任何信息资源，我们都要将其视为馆藏。读者可以通过使用这些资料的满意程度对图书馆服务作出公正评价。可以根据图书馆的性质，分为很满意、满意、一般、不满意、很不满意等五个等级，通过向读者发放调查表的方式，让读者对其满意程度作出评价。

### （二）吸引读者率

在网络信息技术飞速发展的今天，图书馆已经不再是读者获取信息、查阅资料的唯一去处。面对竞争和挑战，改善馆舍条件，合理进行馆舍布局，增大有限的阅览座位，提供各种特色文献品种，高质量、多数量地满足读者需求。这里所说的读者，既包括来到图书馆阅览的读者，也包括利用图书馆网上资源的读者。吸引读者率是指在一定时期图书馆实际服务的人数，除以应该服务的人数的比例。可以根据不同规模、性质、历史和现实条件，分为优秀、合格、不合格等三个等级，评定吸引读者的状况。

### （三）服务效率

在现代社会发展进程中，图书馆服务不仅仅是以往的被动地满足到馆读者的借阅需要，而是一种动态服务，应该讲求服务效率。图书馆服务工作需要通过人尽其才，充分发挥人的智力潜能，使得图书馆的各种先进技术、设备、资源科学、合理地使用。

节约读者时间是现代图书馆读者服务工作质量评价的重要指标。图书馆不仅向读者提供所需要的文献，还要使读者尽可能快地得到，这就要求提高工作效率。随着网络时代的发展，图书馆也必须具备相应的自动化管理设备和计算机网络系统服务，使图书馆服务工作现代化，为读者节省时间，满足图书馆的各种功能需要。可以根据每个服务项目的性质和难易程度，分为高、较高、一般、差等四个等级，通过信息反馈方式，让读者对其服务效率做出评价。

#### （四）情感投入率

图书馆的管理思想是“一切为了读者”，图书馆在开展服务工作时，一定要树立“读者第一”的观念。我们的服务工作应该更加贴近读者，更加主动地去了解读者对信息的需求，关心读者需要什么样的服务，重视读者对本馆的意见和建议，充分发挥主观能动性，克服职责范围内难以克服的困难，使读者感到图书馆的吸引力越来越强，对图书馆的依赖性越来越大，从而增强读者对图书馆的重视度。让读者在接受服务的过程中，自觉不自觉地感受到图书馆倾注的情感。可以根据服务性质和类型，分为很多、多、较多、一般、差等五个等级，采取不同的方式，让读者对其投入的情感进行评价。

## 第二节　图书馆服务评价的工具

### 一、层次分析法

层次分析法①可以合理地将定性与定量的决策结合起来，按照思维、心理的规律把决策过程层次化、数量化。

#### （一）层次分析法的特征

##### 1. 系统性

系统分析是当今大科学、大工程、大社会背景下的一种必然的决策分析方法。系统分

① 层次分析法，（Analytic Hierarchy Process，AHP）是指将与决策总是有关的元素分解成目标、准则、方案等层次，在此基础上进行定性和定量分析的决策方法。

析的思想要求把分析对象看作一个整体。另外，系统分析思想要求把系统分清层次。因此，层次分析法的思想基础与系统分析的原则是一致的。它要求决策者在对问题进行分析决策时，首先要将分析对象的诸因素，建立起彼此相关的层次递阶系统结构。这种层次递阶的系统结构可以清晰地反映出诸相关因素（目标、准则、对象）的彼此关系。这可以使决策者在进行决策分析时，把复杂的问题在千头万绪中顺理成章。

2. 准确性

近代决策更多追求的是“满意的决策”，而不是“最优的决策”。层次分析法的准确性表现在它可以为人们提供“满意的决策”或者“最优的决策”。层次分析法丰富的数学原理为该方法的准确性提供了可信的基础。同时，层次分析法还能够吸收决策者个人或者集团的阅历、经验、智慧、判断能力，从而使得决策建立在更加扎实的基础之上。

3. 综合性

在目前大量的决策问题中，决策者所要考虑的很多因素是属于定性化因素。这些因素总能够以某种定量的标度进行表现。层次分析法在对事物进行决策分析时，能够对定性和定量问题进行综合分析处理，并且能够得到明确的定量化结论，以优劣排序的形式表现出来。这有助于决策者作出判断，这也是层次分析法的决策分析法区别于其他很多决策方法的一个重要特征。

### （二）层次分析法的步骤

第一，建立递阶层次结构。建立递阶层次结构是层次分析法中最重要的一步。根据对问题的了解和初步分析，把复杂问题分解成称之为元素的组合部分，把这些元素按照属性不同分成若干组，以形成不同层次。同一层次的元素作为准则，对下一层次的某些元素起支配作用，同时，它又受上一层次元素支配。这种从上到下的支配关系形成了一个递阶层次。处于最上边的层次称为目标层，通常它只有一个元素，一般是分析问题的预定目标或者理想结果。中间的层次一般是准则、子准则，称为准则层。最低一层是方案（措施）层，其中排列了各种可能采取的方案或者措施。层次之间的支配关系不一定是完全的，即可以存在这样的元素，它并不支配下一层的所有的或者部分的元素。层次数与问题的复杂程度和所需要分析的详细程度有关。每一层次中的元素一般不超过九个，因为同一层次中包含数量过多的元素会给两两比较判断带来困难。一个好的层次结构对于解决问题是极为重要的。层次结构是建立在分析者（决策者）对所面临的问题具有全面深入的认识基础之上的。如果在层次的划分和确定层次之间的支配关系上举棋不定，最好重新分析问题，弄清楚问题各部分相互之间的关系。

第二，构造量比较判断矩阵。在建立递阶层次结构以后，上下层之间的隶属关系就被确定了。对于大多数社会经济问题，特别是对于人的判断起重要作用的问题，直接得到这些元素的权重并不容易，往往需要通过适当的方法来导出它们的权重。层次分析法所用的是两两比较的方法。

第三，判断矩阵一致性的检验。一般来说，由于客观事物的复杂性和人们认识上的多样性以及主观上的片面性和不稳定性，判断者不可能给出精确值，只能给出估计判断或者大概判断。为了保证应用层次分析法分析得到的结论合理、正确，还需要对所构成的判断矩阵进行一致性检验。目前，层次分析法已广泛应用于企业管理、经济计划、科技管理、干部选拔、教育规划、资源分配、冲突分析等各个方面，其理论发展和应用前景十分广泛。它是一种定性和定量相结合的评价方法，它将评价人对复杂问题进行评价的思维过程数量化，通过一定方法计算得出评价结果。

## 二、模糊综合评价法

模糊论认为，模糊性是把事物放在普遍联系和发展中观察时所呈现出来的一种关于事物系统整体的特性，它是系统各要素综合作用的结果。模糊综合评价法是一种基于模糊数学的综合评价方法。该综合评价法根据模糊数学的隶属度理论把定性评价转化为定性评价，即用模糊数学对受到多种因素制约的事物或者对象作出一个总体的评价。它具有结果清晰、系统性强的特征，能够较好地解决模糊的、难以量化的问题，适合各种非确定性问题的解决。

模糊数学综合评价是根据专家给出的评价集合，通过模糊变换来对事物进行评价的方法。模糊综合评价的基本思想是利用模糊变换原理和最大隶属度原则，考虑与被评价事物相关的各个因素，对其作出合理的综合评价。

模糊综合评价是以模糊数学为基础，应用模糊关系合成原理，将一些边界不易定过的因素定化，对受多个因素制约的目标进行优化评价，用精确的数学语言描述模糊性现象，采用模糊数学的方法进行综合优化评价能够使结果尽量客观，能够更加准确地反映事物的本质。

## 三、LibQUAL$^{+TM}$

LibQUAL$^{+TM}$是 20 世纪 80 年代末在服务行业兴起的一种新的服务质量评价方法，该工具依据“全面质量管理”理论提出了这种服务质量评价方法。其理论基础是“服务质量差距模型”。服务质量差距模型认为最终的服务质量取决于用户感受到的服务水平与用户期望的服务水平之间的差距，即服务质量=用户感知-用户期望。LibQUAL+TM项目的目标是研制适合于图书馆的服务质量评价方法和系统，主要包括四个方面的内容：制定基于Web界面的图书馆质量评价方法，制定评价图书馆的机制和协议，确定图书馆提供服务的最佳方法，建立ARL的图书馆服务质量评价程序。

LibQUAL+TM实验项目在每年的11月前后开始征集参加第二年实验项目的单位，于次年的2—3月份开始进行调查数据的采集工作，即实际的用户调查阶段。数据采集过程一般持续到4月底，然后对采集到的数据进行分析，并且根据分析结果修订LibQUAL+TM的调查项目，以形成下一年度的调查项目。

LibQUAL+TM的用户调查采用Web方式，由被调查者在网上填写并且提交调查表。它的调查方式、评价方法与SERVQUAL相同，即划分若干层面，每个层面再划分若干问题。对于每一个问题，要求用户从可以接受的最低服务水平、实际感知的服务水平和理想的服务水平三个角度予以评判，每一个角度设置从1到9共九个评分等级，用户根据实际感受选择1~9作为该问题的得分。

通过参加LibQUAL+TM项目，图书馆至少可以在两个方面获益：

第一，从用户角度出发来确定其服务有哪些方面需要改进，真正体现以用户为中心的办馆思想。图书馆通过长期充分利用LibQUAL+TM的调查结果，可以得出在将电子文本传递到用户桌面的服务上，用户感知到的图书馆的实际服务水平低于用户可以接受的最低值，这说明图书馆在这一方面不能够满足用户的期望。据此，同时根据其他方面的综合信息，改进图书馆技术基础的技术计划项目；改进图书馆信息和参考咨询过程，实现将这种服务推送到用户桌面的虚拟参考咨询项目；宣传推广项目，向用户展示图书馆提供的新服务和服务能力的改善。

第二，将自身的服务质量与其他同类机构进行比较，寻找差距。针对图书馆自身的服务质量，通过LibQUAL+TM，可以采取以下两项措施：①提出并且提交了一项图书馆实行24小时服务的建议；②提出在整个图书馆实施服务质量改进计划。同时，将进一步分析调查结果，进行深入的质量改进。正因为看到了这种评价机制在改善图书馆服务质量中的巨大作用，才会有越来越多的机构参与这一项目之中。通过这种质量评价活动，图书馆可以获得用户对自身所提供服务的客观、真实的评价。这将更好地促进图书馆改善服务，从而为用户提供与他们的期望值更加接近的高质量的服务。

## 四、ClimateQUALTM体系内容

ClimaleQUALTM是关于图书馆员就以下几点认识的评估：①有关图书馆的多样化原则；

②组织政策和程序；③馆员的服务态度。这是一个旨在了解图书馆服务质贵的网上调查。这项调查设法解决一系列的图书馆氛围问题，如多样化、团队合作、学习和公平公正及目前的管理方法等。

## （一）ClimateQUAL™体系的要素

ClimateQUAL™研究的重要内容是将组织氛围作为一种策略进行讨论。该策略能够用来传递组织的价值、目标和必要性。ClimateQUAL™的 5 个氛围必要性都对用户服务质量的好坏产生重要影响。具体内容如下：

第一，深多样化氛围。深多样化氛围是指少数人的价值观、思想和信仰与大多数人一样能够得到高度认同。深多样化包括两个方面：①程序的标准化，即哪种程序促进少数人的观点、思想及价值观被接受，并且该程序能够在组织的所有层面得以表现和设立；②对多样化的重视度，即组织政策、行为、程序与其对多样化支持之间一致性的程度。显然，当馆员知道他们的想法受到肯定，而不管他们所代表的是否为大多数人的意见时，他们会感觉组织促进了彼此之间的合作。因此，深多样化氛围是多样化管理的重要内容之一。

第二，人员多样化氛围。与深多样化氛围类似的是，人员多样化氛围反映了少数馆员受到与多数馆员同样重视的程度。对人员多样化进行了四个方面的评价：种族、性别、职位级别及性取向。

第三，公正公平氛围。公正公平氛围包括分配公正、程序公正、信息公正及人际关系公正。分配公正是指在多大程度上馆员觉得他们的努力得到了公正的奖励；程序公正是指在多大程度上馆员觉得奖励程序是公正的，不随时间和人员随意改变。在决定他们应该得到怎样的奖励时，馆员能够有自己的意见或者一定程度的影响；信息公正是指馆员能够获知多少有关工资的信息；人际关系公正是指馆员觉得在奖励过程中他们受到公平对待的程度。一个公正公平的氛围，是指所有馆员都被公平地对待，都有发言权。因此，公正公平的氛围能够加强对多样化的支持。

第四，创新氛围。同事创新氛围是指在多大程度上同事能够支持彼此用新的方式来完成工作。由于创新依赖于沟通，因此，同事之间的合作及彼此鼓励至关重要。

第五，持续学习氛围。与创新氛围类似，持续学习氛围是指组织鼓励馆员提高技能的程度。这种支持来自上司和同事。因此，如同创新氛围，持续学习的氛围取决于同事们的合作并且相互主动鼓励这一假设。持续学习的氛围也被认为有助于多样化的有效管理。

当组织正确管理多样化便会产生这一预期结果：对用户服务的积极感知。馆员并不是唯一从多样化管理中获益的群体。组织必须有效促进多样化，加强馆员的影响和行为，以此增强用户对服务质量的感知。

### （二）ClimateQUAL$^{TM}$体系的馆员影响要素

馆员受多样化管理的影响结果有七种：工作满意度、组织承诺、组织公民行为、离职、团队心理赋权、任务参与度、工作冲突等。

第一，工作满意度。工作满意度是指整体上评价馆员工作积极性的程度。从 Allport 对合作氛围与竞争两者的区分来看，在合作氛围下的馆员满意度比在竞争氛围下馆员的满意度更高。因此，一个有效培养和管理多样化的组织应该有更多满意度高的馆员。

第二，组织承诺。馆员对具有较好承诺、信用度高的组织有着较高的积极性，并且打算一直待下去。因此，与工作满意度一样，有效管理多样化的组织应该拥有更多同样有信用的馆员。

第三，组织公民行为。多样化的有效管理会使馆员参与更多的组织公民行为。

第四，离职。当馆员对组织不满便导致离职。一个有效管理多样化的组织应该让馆员尽少选择离开。

第五，团队心理赋权。团队心理赋权通过让馆员更多地参与工作决策中，增加馆员对工作成果的责任心，使其觉得他们的努力对团队工作有较大的帮助。基于此，多样化管理应该引导更多的团队心理授权理念。

第六，任务参与度。当馆员全身心投入工作中时，他们真正关心的便是工作。这时，应该鼓励馆员继续学习，提高技能，并且寻找更加有趣的工作机会。通过促进多样化管理有助于提高馆员的工作投入。

第七，工作冲突。工作冲突包括两类：当馆员不同意完成既定任务做法时产生的任务冲突以及团队成员之间个人或者情感上的分歧所造成的人际冲突。冲突可以被视为竞争性组织的标志。相应地，多样化得到完善管理的合作性的组织中，冲突会减少很多。

## 第三节　图书馆服务评价体系构建

### 一、科学界定图书馆服务质量评价对象

一般来说，图书馆服务质量是指图书馆工作人员为读者进行文献信息服务时，使读者满意的程度，或者说，是图书馆服务工作满足读者信息需求的总和，包括服务态度、服务

方式、服务手段和服务结果等一系列活动。

评价主体即评价者，可以是个人或者团体，包括图书馆员、用户和专家等。评价的客体即评价对象，不只局限于图书馆服务成果，还包括信息资源、服务人员、服务活动等。图书馆服务评价实质上是在主客体之间的价值关系中，衡量客体能否适应主体的需要，并且使主体意识到这种适合的程度。但是，在图书馆服务质量的评价过程中，由于人们具有不同的价值观和思维方式，主客体适应性的表现有时并不明显，对一些重要指标项目的理解也会有差异，这就很难使用“好”或者“坏”一类的简单词语去评价图书馆服务的质量，所以评价指标的选择是整个评价系统中困难和严谨的问题之一。

图书馆的工作是利用信息资源（输入），向用户提供信息服务（输出），为提高人们的文化素质、开展教学科研活动等提供支持。输入是获得期望效益的充要条件，输出是获得期望效益的必要保证，因此可以从效益、输入和输出等角度对图书馆服务进行评价。并且评价指标的选择必须具备有两个前提条件：不脱离读者的需求；不脱离服务工作的自身规律。

第一，效益是图书馆各种服务的综合结果，图书馆服务的评价是对其效益的评价。

第二，输入。输入，即图书馆提供信息服务所需要的信息资源。输入是有形的，它们是图书馆的主要投入，而且容易转化，早期的图书馆评价基本上都是以输入量为主要指标的。如今，图书馆已经发生极大的变化，由重收藏转为重利用，而且由于信息资源急剧增加，信息渠道日益多样化，一个图书馆已经不可能也没有必要收藏所有的信息资源，获取和处理信息的能力已经越来越成为图书馆服务质量的决定因素。那种仅以输入的大小来评价服务的办法如今已经不再适用。因此，在评价中应该根据评价内容，尽量选择能够较好预测服务效益的输入量作为评价指标。

第三，输出。图书馆的输出就是为用户提供信息服务。与效益相比，输出/产出容易量化，可以通过建立一些合理的假设，用输出指标预测服务效益。因此图书馆的每项服务，都应该用定性标准对其效果进行测评，而且必须与提供服务所要达到的目的和潜在读者的实际需要联系起来评价。所以，另一类不能够直接反映服务效益的输出需要一些定性的指标进行衡量。如外借书刊对用户有多大作用，检索出的文献利用效果如何都需要定性比较。

## 二、针对实际合理运用先进的图书馆服务评价工具

服务是贯穿图书馆发展始终的原动力，追求质量和效率是图书馆生存与发展的前提和目标，评价图书馆的优劣应该以服务为最基本的标准，明确各部门、各环节的服务在保证

质量方面的任务、责任、权限、工作程序和方法，从而形成一个有机的相互协作的质量保证整体。

随着互联网、数字化、存储、通信及信息传递等高新技术的迅猛发展和广泛应用，改变了图书馆的传统结构，同时，也改变了服务理念。现代图书馆服务无论在服务内容、服务范围、服务对象、服务质量还是在服务的过程、模式、体系、方法和层次上，与传统图书馆服务相比，都发生了质的变化，朝着服务范围社会化、服务对象个人化、服务模式一体化、服务内容精品化、服务特色集成化、服务过程科学化、服务层次立体化、服务质量高优化、服务体系网络化集成化等方向发展。这些根本性的变化又促进了读者对图书馆服务需求的变化，为了使服务能够更好地满足用户的需求，必须研究用户对服务质量的评价，这是服务中的一个非常重要的组成部分。因此，开展图书馆服务评价具有双重功能：①体现其存在价值；②提高服务质量。图书馆需要根据实际，选择合适的评价工具，来适用于读者需求。

## 三、全面获取图书馆服务质量评价信息

广泛、科学地收集准确、可靠的评价信息是评价指标体系既符合现实情况，又具有可信性和导向作用的基础保障。获取图书馆服务质量评价信息的途径主要有以下两种：

### （一）查阅资料法

查阅有关图书馆服务工作的政府文件、法律法规以及相关标准等，这些法规、文件的有关数据与资料是制定指标体系及计分标准的主要依据，查阅历年全国图书馆服务工作年鉴、统计资料、报表等。这些资料与报表客观地反映了图书馆工作开展进程及现实状况，为制定一个科学的指标体系及计分标准提供了有力依据。

对于图书馆服务条件、服务水平的有关资料，要尽可能收集齐全。通过检索、阅读、整理、统计以致浓缩，从而获取定量和定性的评价信息。

### （二）调查法

调查法是通过各种调查方式，包括调查问卷结合访谈的形式，有目的、有计划地了解评价对象诸因素的事实材料，进行分析，掌握信息。因此，调查法不只是调查材料，罗列现象，而且必须进行去粗取精，由表及里地分析概括。调查法是获取定性评价信息的主要途径，可以借鉴国外图书馆界比较成熟的调查指标，在此基础上进行有针对性的调整。

## 四、灵活构建图书馆服务质量评价体系

## (一) 服务评价体系构建的基本要求

图书馆服务是图书馆运用图书馆资源满足读者对文献信息需求的行为和过程。图书馆是由各个要素组成的一个系统，它也是社会系统的一部分，与社会的其他系统有着千丝万缕的联系，因而是错综复杂的。另外，图书馆提供的服务大部分是无形的，只是一种过程、一种体验，要用某些标准对图书馆的服务作出准确的评价是很艰难的。但是为了各种目的，如评定图书馆的等级、评定图书馆工作的优劣、了解读者对图书馆的评价等，又不得不定出一些标准来。人们为确立这样一个标准进行了长期的探索。在构建图书馆服务评价体系的过程中，应该明确图书馆服务评价体系的基本要求。

第一，指标的独立性。在设计图书馆服务评价体系时，有些指标之间往往具有一定程度的相关性，因而要采用科学的方法来处理指标体系中彼此相关程度较大的因素，使每一个指标在体系中只出现一次，避免重复，使指标体系科学、准确地反映评价对象的实际情况。

第二，指标的完备性。指标的完备性是指图书馆服务评价体系要尽可能完整、全面地反映被评价的对象，当指标体系中的全部指标取了定值以后，评价结果不会随其他变量的改变而改变。即在图书馆服务评价中，设计指标体系必须系统、全面地考虑各种影响因素，尽可能使评价的结果准确、可靠。

第三，指标的简练性。精准的少量指标，可以明确的方式把图书馆的主要内容反映出来，是我们所追求的目标。因此，图书馆需要对重要的、影响大的因素尽量描述详尽，而对一些次要的因素，能不列就不列，指标体系力求简练。

第四，指标的可操作性。设定量书馆指标必须考虑其可操作性，一方面，尽量把文献资料作为指标数据的主要来源；另一方面，要避开指向不明、内涵费解、资料获取困难的指标。根据不同图书馆服务评价的目的和要求设计指标体系，使之简明扼要，易于操作和测量，切忌出现烦琐的计算，以便于专家进行评价。另外，建立的数学模型要易于实际操作。

第五，指标的可比性。图书馆设定的服务指标还要有利于进行横向和纵向的对比分析，避免出现趋同而缺乏横向可比性的指标。可比性是图书馆服务指标公正、合理的重要体现，指标的可比性差，就会降低评价的说服力。

第六，指标的代表性。在进行图书馆服务评价时，既要全面分析其相关因素，又要抓主要矛盾，选择最能够反映评价对象水平的因素，使评价指标具有代表性。

## （二）服务评价体系的构建原则

指标通过数学方法综合与集成后称作指数，指数按照计算形式的不同，分为综合指数和平均数指数。从指标分析到指数编制，能够快速为图书馆决策者提供一个明确的结果，大大缩短判断的时间。针对上述服务评价体系的基本要求，我们认为构建图书馆服务评价体系应该遵循以下原则：

第一，定量与定性相结合原则。对图书馆服务进行评价，要以定量指标为主，以定性指标为辅。能够定址描述的，尽可能采用定量指标；无法定量描述的，则采用测评或者专家集体判断的方法进行评分。在综合评价时，必然会存在一些无法直接进行定量测评的主观评价指标，对于这些指标可以先用定性指标来描述，在综合评价时通过评分法，将其转变为可以用数值表达的指标，即必须将部分定性指标定化、规范化，为采用定量评价方法打下基础。

第二，静态与动态指标相结合原则。图书馆服务评价的评价指标以静态为主，以动态为辅。静态指标主要是反映图书馆某一时刻的状况，动态指标主要是反映图书馆某一时段变化的状况。评价图书馆既要看当前的总量，也要看发展速度。对于起步较晚的图书馆，若以静态绝对值指标反映数值会偏小；若以动态相对值指标反映数值则会偏大。因此，必须兼顾静态指标与动态指标，并且以静态指标为主。

第三，指标可操作性与可比性相结合原则。对图书馆服务进行评价，必须具有可靠的资料来源。其资料来源可以建立在现行图书馆服务评价体系的基础上，但又不能完全受其限制，还可以根据需要增设新的调查项目，以满足全面、准确衡量图书馆服务的需要。图书馆服务评价指标的设置要有可测性，易于量化和获得，以便进行统计和处理。此外，最终得出的数据要有可比性，便于进行比较分析。

第四，系统性原则。图书馆服务评价体系是由一组系列化的由浅入深、由表及里的指标组成的。在评价时，要考虑到读者、环境等因素对于评价值的影响，评价指标要有层次性，才能够对整个图书馆服务的多方面有深刻了解。因此，各方面的指标不是孤立、分散使用的，而是要成为一个系统化的完整体系，既有效率目标，又有发展潜力目标。在发展过程中应该做到各种目标兼顾，但是也不一定任何时候都能够兼得，所以要采用系统的方法，以使评价体系总体达到最优。

第五，科学性原则。图书馆服务评价指标要建立在科学的基础上，指标含义、统计口径等要有明确定义，数据要准确，能够衡量和反映图书馆的活动特征、本质特征、发展现状和发展趋势。

### （三）服务评价体系的方法运用

图书馆对服务工作各组成要素、部门和环节的管理目标和工作标准的相互关系，进行层层分解，制定出不同层次、具体化和系统化的评价指标，这就形成了多维结构的评价指标体系。

运用层次分析法建立的评价体系，具体来说，可以划分为目标层、准则层和指标层三个层次。目标层是指实施评估的出发点或者目标，即以图书馆服务质量评价为总目标；准则层是指采取某种准则来实现预定总目标所涉及的中间环节，在对图书馆服务质量进行总体评价时，主要考察基础服务、深化服务、读者教育和读者满意度等四个方面的质量，故以这四个方面作为四项评价准则；指标层是指对应于评价准则的各种具体评价指标，整个评价过程就是将待评估的图书馆服务运用具体指标进行综合评价、比较和计量的过程。

其中，指标层又可以根据本馆具体情况细化为多级指标，如信息获取指标，就包括了对书籍、期刊、缩微资料、音像资料、电子书、数据库资源、网络信息等多种馆藏资源获取的满意程度，用户可以通过使用这些资料是否便利、快捷、高效，对图书馆服务做出公正评价，可以分为很满意、满意、一般、不满意、很不满意等五个等级进行评价。再如，参考咨询服务以协助检索、解答咨询、专题文献报道、文献检索服务等方式向读者提供事实数据和文献线索。有关参考咨询服务评价的标准主要为：回答问题时是否充分利用馆藏，读者需求是否得到最大程度的满足，解答问题是否注意培养读者利用图书馆的能力，等等。同时，还要考虑藏书范围、所提供答案的相关性、答案的正确率、答复的速度、服务的可获得性和易用性以及服务的满足率等方面情况。

需要指出的是，服务质量的评价应该建立在对服务全过程各环节的评价上，不仅要对各服务部门进行纵向的服务质量评价，还要对部门与部门之间进行横向的质量比较评价。在评价方式上，把在服务过程中进行的阶段性评价与服务过程结束后的终结性评价结合起来，从而使服务的每个阶段、每个环节都得到及时的监控和保障。一个评价指标体系设计出来以后，还要接受评价实践的检验，在实践中不断得到充实、修正和完善。

### （四）服务评价体系加强建设

当前，建立我国图书馆服务评价体系是加快我国图书馆事业发展的重要举措之一，建立完善的服务质量评价体系不是一蹴而就的，它需要一个不断完善的过程。然而关键是业内人士要重视，因为这一问题只要重视，通过图书馆内部是可以解决的，它不像图书馆立法问题，单靠图书馆业内人士是不能解决的。当前，应该从以下五个方面加强服务评价体系建设：

第一，建立宏观评价标准及指标。通过宏观评价，测评投资在一定范围内产生的效益、效果如何，避免浪费和发生一些不该发生的问题。对评价结果要以“白皮书”形式向社会公布，既让纳税人知道他们的钱是怎么用的，用了多少，该不该用，也让各级领导认识到本地区图书馆事业发展的现状，同时，也会增加图书馆工作人员的工作紧迫感、危机感，这对我国图书馆事业发展是有利的。

第二，建立不同类型图书馆的评价标准及指标。20 世纪末在我国开展的图书馆评估其指标就有趋同化问题。如在高校图书馆评估时，对重点高校和一般高校，本科院校和专科院校采用同一套指标，这明显不符合图书馆发展的客观实际。

第三，制定合理的评价周期。不论是侧重投资效益的宏观评价，还是侧重改进服务功能的微观评价，都必须形成一个合理的评价周期，应该把评价活动作为日常工作的重要组成部分。这里的关键是各级领导要对评价工作予以重视，充分认识到评价活动的功能。

第四，设立以自评为主的测评方法。评价活动既然作为图书馆日常工作的重要组成部分，就不能多年进行一次。但是，开展评价活动是一项耗时费力的工作，所以我们认为应该多以图书馆自评为主。各馆依据上级主管部门制定的评价指标，每年对本馆的全部工作进行测评，既肯定成绩又找出不足，并制订出整改方案，这样更有利于发挥评价活动的作用。至于综合性的较大规模的评价活动可以适当延长开展周期。

第五，成立以图书馆专家为主的评价组织。在开展评价活动中，评价人员是开展评价活动及评价活动效果如何的重要因素之一，也是建立评价体系的重要组成部分。各个行业的评价活动都是一项专业性极强的工作，所以评价人员必须以业内专家为主。但是从以往的图书馆评估专家构成来看，成员多为各馆馆长。由于图书馆馆长构成的专业知识背景的特殊性（多非图书馆专业），他们在管理方面可能是专家，但是在图书馆业务方面就不一定都是专家，所以评价专家不一定都由馆长组成，应该由图书馆业务方面的专家构成，这样评价的结果更加客观，制订出的评价整改方案更加切合实际。

# 第四章 现代图书馆服务转型与创新发展

在经济高速发展的大时代背景下，社会各界对文化发展的关注度逐渐上升，全民阅读时代已然到来，图书馆肩负着阅读推广的重要任务。为此，本章对图书馆服务转型思考、图书馆门户网站服务、图书馆自助服务模式、图书馆移动阅读服务进行论述。

## 第一节 图书馆服务转型思考

随着中国现代化高质量发展，图书馆服务工作实现跨越式发展创造了良好的外部环境。而中国广大读者日益增长的文化信息需求也为图书馆服务工作的进一步拓展带来了良好的发展机遇。图书馆服务转型路径的思考如下：

### 一、以用户为主，树立用户理念

图书馆要想跟得上时代的发展与进步，就要通过图书馆服务方式转型和服务策略创新方法来不断吸引读者用户的兴趣力，从而不断扩充用户读者的使用范畴力度，使其自身走上不断进步的良性循环道路上。

扩大用户读者的规模范畴，同时，不断加强对用户读者进行基本信息素养的培训，能够让更多的人因为图书馆的信息服务而最终成为信息使用的受益对象，分享和使用文献信息资源，使之能够真正实现信息服务的公平性。因此，有针对性地为用户读者进行信息创新性服务，激发起他们的兴趣和好奇心，以便能够将图书馆工作更加高效有序地进行。

#### （一）树立用户管理与文化理念

每一个图书馆都有其相对忠诚型的用户群和散客型的用户群，要实现读者服务的跨越式发展，就要对这些用户群进行管理，定期进行问卷调查并分析研究用户群的各种成分结构、发展变化、文献需求、阅读倾向、咨询案例等。对于用户的投诉要建立服务质量的快速反馈机制以及用户服务质量评估指标体系。

许多图书馆与社会的捐赠者之间建立了良好的联系，构建起了用户的公共关系网络。从而使图书馆的文化创建从内部扩展到了社会。这种用户管理与用户文化理念的确立，是图书馆服务走向更高层次的一个标志。

### （二）确立读者服务的中心地位

“服务至上”是图书馆管理的格言，按照该理念，我们应该将最优秀的管理人才和业务人才安排在阅览和参考咨询岗位并建立具有激励作用的人才高地机制，应该把最好的设备首先满足一线读者服务的需求，应该将资金首先投向一线服务和读者用户需要的地方，应该按照以读者服务为中心的理念重组修改我们的管理模式和管理条例。

### （三）形成以参考咨询为主导的读者服务体系

参考咨询是图书馆的核心业务，也是图书馆读者服务工作的重中之重。为读者提供知识导航服务已成为当代图书馆服务的新理念，而参考咨询正是实现知识导航的业务管理和人力资源的保障。

读者服务体系的形成，不仅要建立图书馆职业资格证书制度作为基础，而且要创建参考馆员评价与激励的管理方法，让最优秀的图书馆员在一线担任参考咨询馆员的角色，使读者在图书馆中得到如同看医生时的专家门诊、法律咨询时的私人法律顾问般的服务。这种参考咨询服务应当在图书馆服务的各个层面中体现出来，也应该在网络服务中体现出来。

### （四）不断拓展用户服务平台

图书馆是文化中心、信息中心、社会的起居室、公众聚会的场所，以及市民的终身学校，而学校图书馆和专业图书馆也具有以上部分功能。在网络技术的支持下，用户的需求正在与日俱增，而图书馆必须满足这种需求；同时，还应培育需求、引导需求，对读者如何利用图书馆进行指导和帮助，从而提高读者的信息素养。由于图书馆的性质和特征，它与社会各界均已经或可以发生各种各样的联系，图书馆用户服务平台可以说是无限广阔的，这需要图书馆根据读者的需求进行创新思维。在这方面，优秀的图书馆建设、讲座服务、读者推广活动、文献提供服务等都给了我们有益的启示。

### （五）加强促进用户服务的国际交流与合作

借助网络技术，图书馆的用户服务已经没有了国界，如上海图书馆与世界多家图书馆及信息机构都建立了资源共享的关系，可以进行馆际互借等读者服务。这种国际交流与合作要在各个方面进行，如馆际互借和文献提供等的资源共享、参考馆员的互相交换、访问学者的互相交换、读者服务研究课题的合作、特色馆藏资源的互相展示、共同举办读者服务研究专题学术研讨会、共同编辑出版读者服务研究成果、共同探讨数字图书馆和网络服务带来的新问题，如此等等。

## 二、转型为创业创新支撑空间

图书馆作为社会组织的信息和知识收藏、组织、利用的枢纽机构，理应为全社会的创新创业发展提供知识与信息支撑。但在互联网技术的创新成果和经济社会行业的深度融合之后，更加促使科学技术的快速发展、工作效率的有效提升，以及社会组织的针对性变革等，使其在更大程度上地推动了整个社会文化信息建设的有效持续发展。比如，上海图书馆的“创客空间”，主要有阅读存储空间、休闲空间、创意设计展览空间、共享空间，以及全媒体交流体验空间等类型。创客是一群喜欢或者享受创新的人，追求自身创意的实现，至于是否实现商业价值、对他人是否有帮助等，不是他们的主要目的。而“创客空间”就是为这些创客们提供实现创意和交流创意思路及产品的线下和线上相结合、创新和交友相结合的社区平台。

## 三、构建复合型图书馆的服务布局与体系

目前，从世界一些发达国家图书馆的布局来看，将印刷文献与电子文献、阵地服务与网络服务融为一体是一种较为适应读者需求的选择，即不是按照文献载体，而是按照文献与内容服务的主题来布局，如古籍阅览室，可以将《四库全书》《续修四库全书》《四部丛刊》影印本等加以开架阅览，同时，可以提供有关古籍的缩微胶卷、古籍全文数据库光盘以及古籍书目数据库的查阅，阅览室中，可以有印刷型文献，也可以有电子型文献，同时，放置计算机提供局域网甚至是广域网的检索。读者也可以带便携式电脑到图书馆进行学习研究。这样可以避免让读者上下来回奔波，在古籍阅览室中提供一站式服务。

## 四、形成跨地区跨行业的图书馆服务联盟

图书馆的服务要实现跨越式的发展，就必须树立协作联合、资源共享的观念并付诸实

践。例如，上海市中心图书馆就是一个跨行业的图书馆服务联盟。中心图书馆已有多家分馆加盟，其中，包括区县图书馆、大学图书馆、专业图书馆。而网上外文图书服务，是跨地区的图书馆服务联盟模式，共有上海、西安等地的多家图书馆、大学图书馆和专业图书馆参加。类似这样的联盟目前在中国已经十分普遍，但是仍有无限广阔的发展空间，特别是在建立跨地区、跨国界的服务联盟方面有许多文章可做。

## 五、建立图书馆服务的补救体系

服务补救是在出现服务失误时，所做出的一种即时性和主动性的反应。目的是通过这种反应，将服务失误所带来的负面影响减少到最低限度，因此，出现服务失败后，应迅速推出补救服务，力争使不满足的顾客可尽快去除负面印象。在设计服务补救系统时，应当有适当程度的员工授权让小问题由一线馆员随机解决，对于大问题则建立一个迅速传递信息的渠道，使有权处理者能迅速来到现场解决问题。

## 六、转型为数据管理中心

图书馆服务转型的发展确实是需要依赖创业创新支撑空间，同时，也要进行跨学科、跨专业，以及多种行业领域的有机结合，尤其需要建立起开放式的数据管理中心，从而对图书馆事业以及各行业领域内部生态系统进行优化处理，并且做好图书馆与外部机构信息的有效衔接。

开放性是最重要的特征，数据管理中心其实本身就是开放的。图书馆的转型发展为创业创新支撑空间、采用多样化的信息提供方式、重视读者需求，引导服务创新和数据管理中心等，以便能够最大限度上地为广大读者用户进行最优的信息服务。从而使图书馆真正成为数据管理中心，为外部机构提供最大的信息交流中心，为其他行业提供最大的信息交流平台，从而促进全社会各行业的发展进程。

图书馆服务转型，信息服务作用已经发生了彻底的改变，所以必须认识到这种重大的转变，能够重新认识到并构建图书馆新型的服务内容机制，这是尤为重要的一项工作任务。图书馆管理人员必须具备图书馆服务转型的意识，其中具体的对策包括：转型为创业创新支撑空间、采用多样化的信息提供方式、重视读者需求，引导服务创新和数据管理中心等方面。传统的图书馆行业到了必须转型服务的关键时刻，让图书馆成为全社会大众获取知识信息资源的重要来源，进而促进全体国民信息文化素养的整体提高。因此，图书馆服务转型势在必行。图书馆应该面向于整个社会，抓住图书馆服务转型所带来的发展机遇和挑战，力求服务的重大转型，向数字化信息资源的方向发展，达到服务于广大用户、服务于整个社会，从而使图书馆的广大用户进行更优质的信息服务，甚至能够推动科学技术与社会经济的共同发展。

# 第二节　图书馆门户网站服务

## 一、图书馆门户网站的内涵

网站是一种信息发布与交流工具，人们可以通过网站来发布自己想要公开的信息，或者利用网站来提供相关的网络服务；可以通过网页浏览器来访问网站，获取自己需要的资讯或者享受网络服务。门户，在网络中则是指提供某类综合性互联网信息资源并提供有关信息服务的应用系统。图书馆门户是一个界面友好，可以方便读者无缝、流畅、一站式地访问和利用图书馆所有的信息资源和服务的网络集成服务系统。

图书馆门户网站是现代图书馆为读者提供各类信息资源和相关信息服务的系统，是数字图书馆面向用户的统一服务入口，是以资源为基础，以服务为出发点的数字图书馆信息门户。它将数字图书馆的信息资源、工具和服务有效地组织、存储、整合起来，提供个性化、科学化的单点获取方式，实现资源和服务的无缝链接。通过门户网站，读者可以根据自己的喜好和兴趣方便地存取图书馆的数字资源，使用数字图书馆的服务。

现代图书馆通过门户网站构建的网络信息环境是将存储在不同的计算机载体、分布于不同地理位置的各类信息资源通过网络进行互联，在相当程度上突破了传统图书馆的时空以及物理条件制约，也突破了馆藏资源与馆外资源的界限。一方面，使图书馆从相对单向、传统、封闭的工作环境和工作方式，走向开放性、多元化的服务，大大提高了服务能力；另一方面，使图书馆的馆藏信息资源得到更大限度的利用，实现了图书馆的社会价值。

在网络环境下，数字图书馆为读者提供的服务功能和服务质量，在一定程度上反映了一个图书馆的综合实力和服务水平。国外数字图书馆建设起步早、起点高、发展快，早已形成规模，并产生了巨大的社会效益和经济效益。我国图书馆建设发展较快，门户技术在图书馆建设中的应用日益广泛。目前，门户网站已成为现代图书馆提供服务、实现价值的最主要平台。在现代网络环境下，各类图书馆都会根据其资源构成、服务对象、资金规模、建设环境等因素，建设适合本馆的图书馆门户网站，开展图书馆的网络信息服务。

## 二、图书馆门户网站的服务功能

为了最大限度地吸引读者，图书馆门户网站通过整合技术，有机地把馆内外信息资源进行集成，使自己的门户网站成为读者首选的信息门户。图书馆门户网站包含图书馆的概况、资源与服务，具有供读者远程利用的 OPAC 系统①、数字资源访问等数字服务项目，并为读者利用图书馆资源与服务提供咨询辅导。

### （一）资源服务

在这项服务中通常会提供图书馆网上 OPAC 查询服务，数字资源检索、浏览和下载服务，使读者能够跨越时空的限制，方便地通过网络从图书馆获取文献信息与服务。

门户网站所揭示的信息资源包括各种纸质资源和数字资源的书目信息、搜集和整理的符合本馆读者需求的网络信息资源等。门户网站以导航等形式对信息资源予以揭示，通过建立站内搜索引擎，为符合读者使用习惯的分类体系提供分类浏览、检索等功能，并通过资源调度系统为读者提供查找和获取信息资源的便捷途径。

资源服务功能一般通过“统一检索平台”“馆藏目录”“特色资源”，“中文资源”“外文资源”“电子图书”“电子期刊”“学位论文”“教学参考书”“学科导航”“试用数据库”“新书通报”“文献传递”等栏目提供网络服务。

### （二）宣传教育

图书馆传统的宣传媒体是平面二维的，如海报、板报、宣传单等；而网络宣传则是多维的。网络宣传能将文字、图像和声音有机地组合在一起，传递多感官的信息，通过图、文、声、像结合的宣传形式，增强宣传的实效。图书馆利用网络平台开展宣传教育，既可以利用网络技术宣传资源和服务，增强用户的网络意识和网络检索能力，又可以充分发挥网络传播及时、受众面广的优势，扩大图书馆的社会影响。

图书馆网络宣传教育功能主要通过设置“图书馆概况”“入馆须知”“馆藏布局”“读者指南”“培训资料”“文献检索课件”“图书馆公告”等栏目提供服务；读者通过浏览各种指南、资料导引、文献检索、视频宣传材料以及培训讲座的宣传、公告等服务获得利用图书馆资源与服务的帮助。

---

① 联机公共检索目录系统（Online Public Access Catalog，简称 OPAC），是图书馆自动化系统中面向图书馆资源的专用检索平台，也是历来读者查找和利用图书馆书刊资源的主要途径。

### （三）交流咨询服务

在这项服务中应构建起图书馆与读者之间沟通和交流的网络平台。图书馆可以通过调查引擎、电子邮件、BBS、留言本和虚拟参考咨询系统等模块进行消息发布、读者调查、答复读者意见、解答咨询、提供联系方式等服务，与读者进行双向交流，建立良好的互动关系，准确了解读者的需求，解决读者的问题，提高服务的质量。而读者则通过网站提交申请、反馈意见、咨询问题、定制个性化服务。

图书馆可以通过设置“留言簿”“馆长信箱”“书刊推荐”“读者查询”“交流园地”、图书馆微博、官方博客等方式提供交流咨询服务。

### （四）信息导航服务

现代图书馆按照读者的使用习惯和需求，将各种载体、各种类型的信息资源进行合理地收集、科学地组织并通过一定的服务模式，提供有效的网上资源导航服务。图书馆的网络导航服务一般有以下几种类型：

第一，学科资源导航。这类导航系统对纷繁的数字信息资源进行搜集、加工和整理，形成各学科的网上虚拟资源导航库。用户通过浏览和查询这些资源库，可以用最快的速度和最短的时间获得有关学科的全面信息，真正起到网络导航的作用。

第二，搜索引擎导航。通过收集搜索引擎，图书馆门户网站可以帮助读者快速进入不同的引擎链接，通过这些搜索引擎获得所需的信息。

第三，链接导航服务。图书馆通过收集读者经常使用的网站链接地址，如兄弟图书馆、合作单位、学术机构、公共信息服务平台等，建立相应的链接导航服务，帮助用户链接到所需网站，并通过这些网站获得所需信息。

## 三、图书馆门户网站的建设

图书馆门户网站建设包括网站建设和构建平台（集成各种应用子系统）两个部分。现代图书馆服务在较好地解决了印刷型资源的网络查询、预约、续借等传统服务的基础上，其主要的服务功能都围绕着网络化数字信息展开。通过门户网站的建设，图书馆可以方便、快捷地构建个性化的门户服务网站系统，以全方位、个性化的方式向用户提供综合信息服务。

### （一）图书馆门户网站的定位

作为一个信息资源综合服务与管理系统平台，图书馆门户网站应该能够实现各种中外文异构数字资源的统一检索，并将这些原本相互孤立的数字资源及馆藏资源整合成相互关联的知识网络，构建一个统一、友好的访问环境，实现图书馆各类资源的一站式快速搜索、定位和获取服务。同时，在网络环境下，图书馆门户网站还是一个与馆外资源交互共享服务的枢纽，通过这个服务站点，既可对外发布各种信息，又可将网上发布的图书馆资源统一集成到门户网站的资源搜索与获取共享体系，实现云图书馆门户建设。

图书馆为读者提供的门户网站是一个内容丰富的、基于 Web 浏览的用户界面。在这个用户界面里，既有资源信息又有服务链接，包括信息发布、用户管理、网络互连和数据存储四项要素。

### （二）图书馆门户网站的建设内容

门户网站的建设内容应包括网站结构与界面设计、信息资源建设及发布、信息资源的统一检索平台、统一的身份认证及个性化服务、数字参考咨询平台、网站论坛、Web 站点内部内容管理等。并且门户网站应实现的功能包括：①统一入口服务，通过一次登录访问一个站点入口，向读者提供各类资源和服务；②统一检索服务，通过统一检索，检索所有中文、外文资源信息；③全文获取服务，通过资源调度系统实现本馆及馆外资源的统一调度使用，有权限的直接获取阅读，无权限的通过云图书馆的传递系统进行文献传递服务；④最新文献服务，通过及时的数据更新，使读者及时掌握最新的发展动向和获取最新文献；⑤最全文献服务，向读者全面揭示各种内部和外部资源；⑥优质个性服务使用户获得优质个性化的定制与服务，并将公共检索系统功能全面拓展，实现公共目录检索和图书荐购系统定制功能的集成；⑦强大管理功能为图书馆提供统一的内外资源管理、用户管理、特色资源制作等后台管理方法与工具。

### （三）图书馆门户网站服务平台构建

为了实现相应的服务功能，在图书馆门户网站的建设中，要集成各种应用子系统，构建门户网站服务平台。

#### 1. 信息资源建设及发布子系统

信息资源是图书馆服务的基础，也是读者最终所要获取的资源。各图书馆可根据自身所服务的对象，以本地域、本行业、本馆的馆藏特色为主，以方便不同读者的使用需求为目标，进行系统的信息资源建设，并通过 Web 发布系统将本馆和共享资源以数据库列表或资源导航方式发布到门户网站上。为了使读者能有效地利用数字资源，图书馆必须按照某种组织原则，系统地组织和揭示图书馆的数字资源，做到及时、准确、完整，并且结构清晰、层次简明，方便读者查询使用。

### 2. 信息资源的统一检索子系统

图书馆内有多个相互独立的信息资源系统，它们可能分布在不同的服务器上，运行在不同的系统环境中。读者要获取相关信息需要分别进入各资源信息系统进行逐个检索，这对读者来说极为不便。为此，图书馆门户网站需要为读者提供一个可一次性检索并获取各数据源中所有相关信息的统一检索平台。

目前，图书馆门户网站广泛采用了基于元数据整合的信息资源统一检索系统，为用户提供同时在所有资源中进行一站式检索的服务，避免需要逐个登录数据库、输入检索条件的麻烦，使用方便、快捷。

### 3. 统一的身份认证及用户管理子系统

为了解决图书馆中数字信息资源的知识产权保护问题，只有通过系统认证的用户才能成为其合法用户。所以，图书馆必须建立用户管理系统，构建知识产权保护体系。

当前，绝大多数图书馆是通过 IP 验证加防火墙隔离的方式来进行用户管理。这种模式的优点是方便、简单，系统运行效率高，能有效解决商用数字资源的知识产权保护问题；缺点是给图书馆合法用户在馆外利用这些信息资源带来了障碍。

目前，图书馆门户网站的用户认证系统普遍采用了用户远程访问认证系统（VPN）加访问授权方式来控制使用安全，从而使得合法用户在馆内和馆外都能有效利用图书馆的服务。用户在统一身份认证系统中注册账号后，这个账号就可以使用门户网站上的所有服务。如果用户之前已经在相关的资源系统中拥有账号，同时，也已经设置了相应的权限，那么就可以将这些资源系统的账号与统一身份认证服务的账号进行关联，使用户登录统一身份认证系统之后，能够自动使用相关的资源系统用户账号来访问资源系统。

### 4. 数字参考咨询子系统

数字参考咨询子系统是为读者提供一种通过计算机和网络在门户网站上进行交互式咨询的平台。读者可以通过网络与图书馆的参考，咨询馆员进行交互式对话或通过电子邮件等方式进行联系，获得所需要的帮助。

### 5. 网站论坛子系统

网站论坛是门户网站的一个重要组成部分，它为读者提供一个交流的平台。读者可以通过论坛交流心得体会，发表意见和建议；图书馆也可以通过此论坛开设相关专题讨论组，来获取读者对图书馆服务或使用资源情况的信息反馈。

#### 6. 统计分析与后台管理子系统

门户网站上的系统维护由网站后台的管理系统实现，包括利用统计分析、资源发布、新闻发布、用户管理、文件图片传输和各个资源系统的参数设置等系统的管理，与数据库的链接，Web 服务的日志配置，防止黑客入侵等工作。这些都要通过后台管理系统进行定期或不定期的维护管理。

## 四、图书馆门户网站的功能模块管理

图书馆门户网站通常包含多个动态信息栏目。这些栏目的信息往往源于不同部门或由不同部门的相应工作岗位处理，如办公室发布消息公告、参考咨询人员答复在线咨询问题、采访人员处理读者推荐图书信息等。图书馆门户网站在管理各个功能模块时，可以将相应模块按不同部门或工作岗位进行分类管理，明确责任，确保门户网站各项服务的正常运转。

### （一）指定专人负责功能模块的管理

图书馆应将功能模块的管理人员按所管理的范围划分为系统管理员、管理员等不同的级别。

系统管理员负责各个功能模块的总体协调和管理，并负责用户权限的分配。可以在图书馆门户网站的后台管理系统中建立一个隶属于系统管理员角色的用户。该管理员具有新建用户和管理用户的权限，有权根据实际需要，为每个栏目添加一个或多个管理员。

管理员负责各个功能模块中同类服务栏目的管理。管理员提交身份凭据（用户名和密码）登录系统，通过身份验证后，就被定向到所管理的对应栏目界面。借助该界面，管理员可以发布、更新或维护栏目信息。

在后台系统内，管理员只能管理自己负责的相应栏目。如隶属于参考咨询的管理员，通过身份验证后，就被定向到“参考咨询栏目管理子模块界面”。通过该界面，他可以浏览、回复读者咨询，更新原有回复或屏蔽重复的、超出咨询范围或内容不宜显示的咨询问题。而隶属于消息公告的管理员，通过身份验证后，只能被导向到“信息公告栏目管理子模块界面”，进行消息发布等操作。

### （二）指定相应岗位人员担任管理员

为了给图书馆用户提供更加专业的服务，应指定图书馆内信息的来源或处理部门的相关工作岗位人员担任相应服务栏目的管理员，并授予管理该栏目的权限。由他们管理对应栏目信息，既符合图书馆业务分工合作的合理性原则，也有利于信息及时、准确地发布和更新。主要包括以下几个类别：①参考咨询管理员负责管理参考咨询栏目、回复读者留言、解答读者咨询问题等，应由参考咨询岗位人员担任；②消息公告管理员负责管理消息公告、图书馆简介、组织机构等栏目，应由负责图书馆宣传的相应岗位人员担任；③纸质文献管理员负责书目查询、新书通报、读者推荐等栏目，应由纸质文献采编岗位的人员担任；④数字资源管理员负责管理自建数据库、外购数据库、试用数据库和免费数据库等涉及数字资源的栏目，以及资源导航、统一检索等栏目，应由数字资源采访岗位及技术管理岗位人员担任；⑤读者服务管理员负责入馆须知、读者指南、读者查询等栏目，应由借阅服务管理岗位人员担任。

为了适应不同层次读者的需求，图书馆的门户网站建设要始终以方便读者、服务读者为宗旨，做到资源内容丰富、服务功能齐全。同时，要配置好整个网站的架构，使其能稳定、安全、可靠地运行，最终更好地为读者提供图书馆服务。

## 第三节　图书馆自助服务模式

“图书馆围绕各类服务提供了不同方式的自助服务以提高服务效能，方便读者更高效、更便捷的使用图书馆各类资源。”① 自助服务是现代化图书馆的一个重要标志，也是图书馆发展的必然趋势。图书馆自助服务是读者根据自己的需要，利用智能化设备和计算机网络技术，按照制定好的流程指引，完成以前由图书馆员完成的各项服务活动。图书馆自助服务主要包括：文献自助服务、自修室座位自助登记、自助检索上机、自助文印服务，以及利用网络、手机、短信、电话所进行的各项自助服务。

### 一、图书馆自助服务的理念与模式

图书馆自助服务，又可称为“无人值守图书馆”。有关图书馆自助服务的名称及表述千变万化，如无人服务图书馆、图书自助服务站、微型图书馆自助服务系统等。是图书馆业务自动化处理的组成部分，也是近几年国内外图书馆行业兴起的一种现代化服务方式。它利用网络通信、计算机、门禁监控等技术，为读者提供智能化程度较高的图书借还

① 肇诚. 图书馆自助服务应用现状调查与分析——以国家图书馆为例［J］. 内蒙古科技与经济，2023，（01）：155-156.

服务。

在图书馆自助服务里，读者借还图书无须图书馆工作人员协助，完全由自己完成。图书馆自助服务是图书馆服务工作的延伸和延续。不但解决了读者借还书受开馆时间制约的问题，同时，也体现出图书馆人性化的服务理念，更提升了图书馆的服务形象和服务档次。

### （一）图书馆自助服务的理念

作为现代科学技术与以人为本理念结合的图书馆自助服务，完美地诠释了免费、快捷、平等、开放的服务原则，将传统的“被动服务”模式转换为“主动服务”模式，使图书馆资源围绕读者展开，充分体现了“以读者为中心”这一服务理念。一方面，图书馆自助服务的服务宗旨是将图书馆资源实现最大化利用，使读者的阅读需求随时随地得到满足。图书馆自助服务以读者的需求为发展的驱动力量，对传统运行模式加以改革，对图书馆的社会价值和服务质量、理念起到了重新塑造的作用。另一方面，读者通过使用图书馆自助服务，可以摆脱过去主要依靠图书馆员的指导和意志完成信息咨询、图书借阅归还等服务模式，可以完全按照自己的爱好和意愿进行图书的选择和利用，这也是人性化的另一种体现。

### （二）图书馆自助服务的模式

第一，馆内读者自助。许多图书馆都为自助设备设立专门的空间或者独立的附属建筑，读者可以利用这些设备完成图书馆的检索、借阅和归还等服务内容，使图书馆的全天候服务成为可能。虽然这种独立的馆内读者自助设备可以提供 24 小时服务，但是须依靠图书馆或附属建筑而存在，缺少独立性。

第二，ATM 式自助图书。ATM 式自助服务设备可以根据图书馆的具体服务而定制，这种设备通过还书就可上架借出的功能可以有效减少人力和物力成本。低成本和网点化铺设是其主要优势，但是这种设备也存在着可供选择的图书资源较少，服务内容较单一（仅包括借还功能）等局限性。

第三，漂流亭式自助图书。传统的图书漂流是指放在图书馆公共位置的图书，无须读者办理借阅手续就可以自由阅读。而漂流亭式图书馆是传统方式在馆外的延伸和补充，这种自助服务是 RFID 技术与图书漂流相结合的产物，虽然能够辨别多种证件，有效提高图书的利用率，但是它所能提供的服务比较单一。

第四，24 小时街区图书馆自助服务。这种图书馆自助服务不仅能够为读者提供图书借阅、归还、办证、检索、预约等基本服务，而且集成了 RFID、条形码技术，在架图书对读者而言一目了然。24 小时街区图书馆自助服务可以提供更为全面的服务功能，也可以实现网点化建设，但是这种图书馆自助服务所依靠的 RFID 设备受限于技术等方面的支持。

服务类型有独立图书馆自助服务服务区、图书馆 ATM、图书漂流亭、街区 24 小时图书馆自助服务等几种。图书馆自助服务系统主要由图书馆自助服务服务机、图书馆监控中心和物流管理系统等部分组成，核心部分是图书馆自助服务机。图书馆自助服务可以完成绝大部分图书馆业务流程：申办新证、自助借书、自助还书、预约服务、查询服务、资源防盗、资金处理等。由于本身具有强大的功能优势，再加上快捷、方便的服务过程，在诞生之初，图书馆自助服务就受到了世界各地读者的欢迎和好评。甚至有专家认为图书馆自助服务是继实体图书馆、虚拟图书馆之后的“第三代图书馆”。

## 二、图书馆自助服务系统特征与功能

### （一）图书馆自助服务的特征

图书馆自助服务作为一种新的服务模式，有着不同于传统图书馆的特征：

#### 1. 图书馆自助服务的科学性

目前，图书馆自助服务大多采用 RFID（Radio Frequency Identification）即无线射频识别技术，是一种非接触式自动识别技术，通过发出的射频信号，再以空间耦合实现无线接触信息传递，并通过所传递的信息达到识别物体的自动识别技术。依靠这种技术来为读者提供智能化的图书借还服务，并以此实现图书馆自动化服务。图书馆自助服务通过 RFID 技术带来全新的服务方式，提高了广大读者的满意度和便捷性，通过科学性的运用来突出人性化的服务理念，这种服务理念也不断推动着图书馆服务手段的创新。

#### 2. 图书馆自助服务的自由性

图书馆自助服务由于其采用的是人机模式，运行时间不再受到限制，读者可以更加自由地根据自己的即时需求来选择时间借阅书籍。这种全自由的 24 小时服务模式也是国内外图书馆发展的必然趋势。另外，图书馆自助服务使民众的阅读空间也变得更加广阔。它将有范围的传统图书馆扩大，为读者提供了一种无障碍的阅读环境。

#### 3. 图书馆自助服务的服务性

发展图书馆自助服务的初衷是让读者自己为自己服务，即脱离传统的馆员服务，读者根据自己的时间兴趣爱好等通过自主的操作来完成对图书的借阅归还等一系列活动。且其服务质量并不低于传统服务。在这种自助式的服务中，读者完全脱离传统图书馆服务中的束缚，不受时空限制地自主操作设备来实现需求，充分体现出图书馆自助服务的服务性特征。在整个自助服务中，读者可以根据自己的主观需求，发挥自身能动性，实现服务性。这样读者在操作过程中既是服务的实施者和操作者，又是享受服务的对象和被服务者，体现了主体与客体的相互统一。

4. 图书馆自助服务的广泛性

图书馆自助服务自运行后，受到越来越多的读者使用和欢迎，图书的借书量和阅读量都带来了明显的提升。由于图书馆自助服务的便利快捷性，越来越多的读者在茶余饭后选择借阅图书来丰富自己提高自己。图书馆自助服务所产生的这种广泛性是远远超过传统图书馆的。而这种广泛性产生的影响，不仅体现在为广大读者搭建了一种便捷的阅读平台，而且使图书馆自身的品牌和形象得到了提升，对整个城市的文化事业建设也产生了积极的影响。

5. 图书馆自助服务的高效性

作为一种全新的图书馆服务项目，图书馆自助服务在建设上表现出传统建筑实体形式的图书馆无法比拟的优势：占地面积小、建设成本低、展现效果快、建设周期短的特征。这使得图书馆自助服务成为继第一代传统图书馆和第二代数字图书馆之后的“第三代图书馆”。在服务上更贴近读者生活，图书馆自助服务在选址、布局、交通等方面都体现出方便快捷。另外，在形式上图书馆自助服务也呈现出无专人看守、自助办证、自助借阅、自助归还等便利条件。图书馆自助服务的运用大大提高了图书馆文献资源的利用率，充分体现了图书馆自助服务工作的高效。

### （二）图书馆自助服务系统的功能

对于图书馆自助服务起支撑作用的系统应该包括：基本服务设备、图书管理系统、馆内监控设备、图书损坏识别技术、RFID 标签识别技术等。其具体功能如下：

第一，基本服务设备。一方面，要实现与传统图书馆相同的服务功能，如图书借阅、归还、预约等，就需要依靠数据的管理和存储技术的支持来实现图书馆自助服务与总馆之间数据的完全共享。另一方面，为保证图书提取、上架工作的顺利完成，坐标定位技术可以克服机械手臂无法精确定位这一难题，完成 ATM 式图书馆自助服务的图书提取和自动上架。

第二，图书管理系统。为避免图书馆自助服务出现满架或空架现象，就需要随时对馆内的图书资源进行实时监控，以控制图书的现存数量。图书管理系统可以为图书馆自助服务分析图书供需情况和自动分析读者对于图书资源的需求变化，总馆可以以此为依据对图书馆自助服务进行资源调配。另外，图书管理系统还可以在出现故障时自动报警。

第三，馆内监控设备。馆内监控可以对图书馆自助服务的防盗、视频监控、门禁控制等功能发挥重要作用。在图书馆自助服务正常运行时，可以保证各种服务正常运行；在发生意外或违反程序私自带走图书的情况下，馆内监控能够立即自动报警。对门禁上锁，事后可以通过视频记录来查看事件全过程。这种馆内监控设备可以在一定程度上保证图书馆自助服务的安全性。

第四，RFID 标签识别。图书馆自助服务内的图书都贴有 RFID 标签，这种标签和条形码、磁条是同时存在的。一方面，可以使图书不局限在某一个图书馆自助服务内，能够在总馆和其他自助馆内自由流动，而且贴有 RFID 标签的图书具有更易被机器设备辨别的优势，方便图书的借阅、归还等工作。另一方面，它还可以实现图书在书架上的定位、馆藏和存量信息显示等功能。

第五，图书损坏识别。图书损坏识别技术可以通过计算机进行控制，对损坏的程度是否需要报警可以由计算机进行设定。在识别过程中，在终端服务器上可以通过文字或者语音的方式，显示对图书损坏检测的评价和结果。

## 三、图书馆自助服务的建设与维护

### （一）图书馆自助服务的建设

图书馆自助服务的建设可以从政策支持、经费保障、自动化现状与整合、文献资源保障、业务调整保障、运营模式规划等方面进行思考。

#### 1. 政策有力支持

图书馆自助服务的建设和服务涉及社会方方面面，包括项目建设及运营经费持续保障部门、布设区域的物业主管单位、资源提供及服务融合方的区域图书馆等。而作为公益文化单位，图书馆自身的推进力度与统筹权力却非常有限，因而需要地方政府制定相关政策来予以引导和规范。涉及图书馆自助服务的建设实施、布点规划、运营模式、绩效评估等各个层面，例如，制定配套措施将图书馆自助服务纳入地区公益文化设施统筹建设管理范畴。如果缺乏地方政策的强力支援，图书馆自身在项目的建设实施和服务保障上将很难得到长远发展。

### 2. 经费持续投入

图书馆自助服务资金投入分为一次性建设资金及年度运营资金。一次性建设资金是图书馆自助服务建设启动的保证；年度运营资金则是维护其正常运营的保障，包括能耗、维护、物流等基本费用。

在有限财政资金的支持下，地方政府往往会把主要财力投向首要保障基本服务，财政预算优先考虑最需要、最迫切需要解决的地方，而图书馆自助服务所提供的就近、便利性服务，具备一定的超前享受性。因而图书馆自助服务建设的周期性、延续性和运营保障的持续性，对地方财政预算的资金压力非常大。

图书馆在规划和建设图书馆自助服务项目时，应以实际需求为出发点，以经费的持续保障作为前提，结合地区财政、图书馆经费等实际情况，适度控制建设规模；同时，在后续运营过程中，选择适当的配送模式、网络组网模式、维护响应标准，以确保最高的运营投资效益比。

### 3. 文献充足保障

文献资源的充足性、品种的可读性、更新的及时性等极大地影响着图书馆自助服务网的运行效益，图书馆可从资源储备与规划、资源调配与更新、资源整合与管理等层面建设和组织文献资源。在项目实施前，图书馆应详细设计文献的采购渠道、品种配备、年度更新等内容确保储备充足的文献资源，并制订长远规划保障配备图书馆自助服务的文献资源；项目实施后，为确保图书馆自助服务在架图书的可读性，图书馆应及时更新文献资源，制定可操作性的图书调配原则、滞架文献下架等；在全城统一服务后，中心图书馆须从入库办法、资产管理、流通管理等方面统一融合其他成员馆文献资源，保障文献资源的财产安全。

### 4. 业务与设备的整合与自动化集成

（1）与原有的业务与设备的整合。图书馆自助服务投入运行和服务后，图书馆原有服务模式新增了馆外服务内容，文献资源更应以读者阅读需求为中心。因此，图书馆需调整和变革原有业务流程与部门组织结构，以顺利开展图书馆自助服务的各项文献服务，如建立专门的运营中心来协调与组织图书馆自助服务的相关工作，建立和完善预借书库并形成预借送书服务规范等。业务重组既保障了高效、顺畅的图书馆自助服务服务，也使其成为整个图书馆不可分割的一部分。随着图书馆自助服务的各项业务持续推进及服务的不断深化，图书馆需将其纳入远景规划范畴，以确保图书馆自助服务获得持续、稳定的应用效益；同时图书馆需要有进行重组和变革的思想准备，且这种调整将会随着图书馆自助服务的建设和服务规模的不断变化而持续存在。

（2）与已有自动化设施的集成。图书馆自助服务相关的自动化设施整合包括 RFID 整合与应用系统集成。RFID 技术能极大地提高图书馆自助服务水平和文献管理效率，如果目前图书馆采用基于条形码和磁条的标识识别系统，实施之前图书馆须评估本馆是否需要升级到 RFID 系统，因为这涉及 RFID 标签及加工、基础流通设施、业务系统集成等建设投入。应用系统集成的充分性则关系到项目后期运作的稳定性及管理的规范性，因此，图书馆在项目建设实施前需着重考虑已有图书馆业务系统集成的内容、实施难度、实施过程、实施步骤等问题，包括与图书馆自动化管理系统在读者数据、业务数据的技术集成与互通，管理平台、资源平台、服务平台等业务平台在图书馆内部业务流程中的平稳过渡。

5. 建设运营模式的长远规划

以深圳地区为例，该区域早期在进行图书馆自助服务的研制开发、试点建设规划时，采取了政府全额投资立项建设和运营的模式予以实施。而随着图书馆自助服务应用规模的不断扩大和管理服务经验的不断成熟，其他图书馆在引进图书馆自助服务时，可采取先行试点的方式进行，并做长远规划，待图书馆自助服务品牌影响力及服务宣传效果得到充分展示后，可考虑与企业、商业团体等共同投资建设，共同进行维护和运营，引入市场化的方式进行建设和维护。同时，可探讨和试点图书馆自助服务的全外包运营管理服务模式，包括引入银行 ATM 系统成功运营经验，采取租赁图书馆自助服务设施、采购第三方图书馆自助服务运营维护服务等整体模式开展图书馆自助服务的建设和服务，这样将可大大节约自助图书馆的建设、运营的时间成本和人力成本。

## （二）图书馆自助服务的维护

第一，考虑到人为破坏及天气情况的影响，对图书馆自助服务的日常维护就显得十分必要。为减少不必要的维护经费，专家建议在图书馆自助服务的普及推广过程中，应该加强对广大读者的辅导教育。使读者掌握其操作方法。对于天气等不可抗拒因素，可以在设计过程中采用垫高设备和防水装置等来避免。

第二，由于图书馆自助服务的监控、服务机和物流系统通过网络相互连接，如果发生病毒感染或恶意攻击服务机等情况，就会导致图书馆自助服务全面瘫痪。为此，专家推荐使用 MPLS-VPN 加密专网技术。同时，与流量控制和服务等级划分相结合，为读者创建专用虚拟网络，使图书馆自助服务机与关键核心网络相隔离，以达到图书馆自助服务运行的安全性和应对危机的可控性。

## （三）图书馆自助服务体系

自助服务是指在一定条件下，根据用户的阅读兴趣、需要偏好、研究重点，由用户自主地、灵活地、能动地完成以前由图书馆员按照馆员的意志和行为习惯完成的书目查询、藏书借阅、资料检索、文献复印等活动，从而实现自主服务的一种读者服务方式。

图书馆自助服务的发展与新技术的发展密不可分，比如，RFID 技术是自助借还服务的基础，它为图书馆的流通服务带来了全新的契机，不仅节省了大量的人力和管理成本，更为读者提供了 24 小时无间断的服务，是一种革命性的改善；自助打印、扫描等服务则有赖于先进的设备和无缝的认证机制。

### 1. 自助借还系统

国内最早启用自助服务的是广东东莞图书馆和深圳图书馆新馆，目前，国内规模较大的大学图书馆如北京大学图书馆、同济大学图书馆、中山大学图书馆、北京理工大学图书馆等，图书馆如中国国家图书馆、首都图书馆、杭州图书馆等都配备了多个自助借还终端。

### 2. 图书馆自助服务

2006 年建成开放的深圳图书馆新馆被美誉为“第三代图书馆”，以其城市街区 24 小时图书馆自助服务为代表，该系统主要由图书馆自助服务服务机、图书馆监控中心和物流管理系统等三部分构成，其核心部分是图书馆自助机。图书馆自助机包括浏览书架、电脑操作台、网络查询台、图书信息浏览屏、还书分拣箱、现钞验收机等。城市街区 24 小时图书馆自助服务系统是一个完整意义上的图书馆，具备了图书馆所有的服务功能，在某种程度上甚至更为高效、便捷。通过自助服务机和网络、物流系统，读者可以得到图书馆几乎所有的服务，包括申办新证、借书、还书、预约借书、预约取书，还可以查询馆藏目录和读者的各种信息，并作为终端直接读取馆藏各类数据库。

### 3. 自助复印/打印/扫描服务

近年来，国内很多图书馆配备了自助复印打印设备，为读者提供“无人管理”的自助式打印复印服务，这种服务方式既可以节省图书馆的人力，也可以减少读者排队等待的时间，并且由于其相对低廉的收费和自助结算的模式可以减少纠纷，并且也是图书馆执行知识产权保护策略的一种措施——图书馆可以通过在所有自助设备上张贴知识产权保护的留示等方式，加强读者的版权保护意识，引导尊重知识产权的使用习惯，避免由于人为因素导致图书馆“带头”侵犯知识产权，无限制地为读者复印打印资料的情况发生。如北京大学图书馆、清华大学图书馆、浙江大学图书馆等大学图书馆和中国国家图书馆、深圳图书馆等图书馆都使用了联创自助打印复印扫描系统。该系统引入“自助式无人化”的管理模式，通过一卡通等进行身份认证和收费，做到使用者、使用时间、内容、费用的精确可控，在所有接入网的电脑上，为读者和管理员提供方便和廉价的打印复印和数字化扫描服务。

#### 4. 自助编辑制作服务

随着教学模式和学习方式的改变，大学对于学生独立或协同完成生动作品的能力、对于学生的多媒体制作和展示能力，都提出了更高的要求，所以有了“多媒体素养”的提法。为了完成课程的作业，同学们常常不仅需要提交一篇文字报告，而是要提交含有实验结果或创作效果的 PPT、视频短片等，读者需要图书馆提供丰富的素材以及相关的设施，帮助他完成“作品”。

图书馆能够提供的素材包括海量的图片资源、视音频资源、完备的数据库资源如电子图书、期刊、报纸等，能够提供的设施则包括各种数码前端设备如照相机、摄像机、录音笔等，采集设备如放像机、微机、各种采集软件，各种编辑制作软件和输出设备如彩色打印机、刻录机、合成机等。

#### 5. 自助学习空间

高校图书馆可以将原有的电子阅览室、书库和自习室三者相结合，以学科分类为依据，设置若干个集资源、设备、人员、空间于一体的自助学习空间。除了要满足学习环境光线、温度、通风、布局、色彩等的舒适外，还要为师生配置辅助学习创作的多媒体计算机以及各种打印、复印、扫描、传真等外围设备，提供尽可能丰富的纸质和数字文献信息资源，配备经验丰富的随时准备为师生解决疑难问题的馆员。

### （四）图书馆自助服务的工作流程

图书馆自助服务的设备包括：门禁系统、图书检测设备、视频监控设备和自助借还机。

第一，门禁系统。用于对读者身份的验证。要进入图书馆自助服务首先要刷卡，刷卡器通过读取读者证的条码信息来识别该读者是否为本馆有效读者，并控制自动门的开启和关闭。

第二，图书检测设备。对图书出入馆时进行磁检测。图书馆自助服务使用的是可消充磁的安全磁条，检测设备与自动门形成电控物理连接，自动门根据检测设备的检测状态（无磁状态或有磁状态）做出开门、锁门的响应。例如，当读者携带未消磁的书籍通过检测门时，图书检测系统会产生一个信号给门禁系统，经过门禁系统处理后，有两个信号分别送给门禁控制器、报警主机和录像主机，这时，门会自动锁死，录像机开始抓拍。

第三，视频监控设备。对图书馆自助服务内的情况进行监控，它可以由多个摄像头组成。当检测设备发出报警后，便启动与之联动的录影设备，从各个角度对室内的情况进行抓拍或录像。

第四，自助借还机。由触摸屏、激光条码扫描仪、消充磁设备组件和收据打印机构成。自助借还机与业务系统通过网线和接口软件实现通信，当读者点击触摸屏操作图书借还时，借还机也几乎同步完成了对图书磁条的充消磁工作。借阅成功后，打印机会打印出借书凭证。

# 第四节　图书馆移动阅读服务

## 一、移动阅读与图书馆

### （一）移动阅读的特征

第一，主体分散。在移动阅读主体资源终端，一些平台可通过不同的分类模式，对资源类别进行划分。但就读者而言，他们在面对相同主体时，阅读资源检索能力毕竟有限，并且各个移动阅读软件的服务模式迥异，因此，导致阅读主体分散。

第二，载体多元。当前，移动阅读载体呈现出明显的多元化特征，就算是同一个主题也可拥有不同的载体表现形式。有时是文字，有时是图片，有时是视频，还有时是音频。移动阅读平台会基于读者需求去转换资源格式，譬如，将新闻转为音频，对视频进行剪辑等，这样便可让部分读者在琐碎的时间里快速掌握相关资讯内容。

第三，功能全面。很多手机阅读软件，譬如今日头条和西瓜视频等，均会对图文、视频、音频等资源进行全面整合，在网页上呈现出鲜明的新闻主题，便于读者进行一站式阅读。读者还可以在新闻下方留言，和其他读者互动。

### （二）移动阅读对图书馆的影响

#### 1. 信息交流功能备受影响

众所周知，纸质印刷品有着价格低廉、加工方便、容易存取等诸多优势，进而受到了广大读者的青睐。此时传统图书馆的主要任务便是进行纸质文献搜集和整理以及开发利用。图书馆纸质文献传递主要是通过读者阅读来实现的，但这种方式会受到图书馆开馆时间和地理布局的影响。当前，纸质文献阅读不再是读者的唯一选择，甚至更多情况下都不会被读者视为首选，很多期刊杂志和图书资料都会以电子版的形式呈现在网络平台上，无纸化阅读已成主流，人们更愿意足不出户用手机和电脑去阅读。同时，大众思想观念也发生了巨大变化，当需要搜集某些特定资料时，读者会第一时间上网寻找信息，而不会选择到图书馆去查阅资料。

#### 2. 服务模式遭受挑战

在图书馆的传统服务模式中，“重藏轻用”的理念根深蒂固，并且主要以纸质文献资源的收集、保存、利用为主，服务内容方面主要是为读者提供馆藏文献，流通方式也仅限于图书借阅。这种传统服务格局很少有主动服务于读者的意识，服务项目缺少灵活性，读者始终处于被动地位，这就会导致读者满意度降低。随着科学技术的飞速发展，移动终端技术不断走向成熟，大众阅读方式和阅读习惯发生了天翻地覆的变化，图书馆也不再是人们唯一的阅读场所。处在移动阅读时代，读者足不出户就可以阅读信息和收集信息，阅读需求呈现出了显著的个性化特征、多样化特征。现在到馆读者数量呈连年下降趋势，图书馆文献资源的利用率不断下降，并且图书馆参考资源业务和图书编目业务也因此受到影响，图书馆不再是读者阅读的首选之地。

#### 3. 馆员角色发生变化

传统的图书馆馆员，在外界的认知里就是“图书管理员”。但处在信息化环境下，馆员岗位角色却发生了巨大变化。因为图书馆服务模式和管理方式正在不断变化，此时的馆员不只是负责图书管理，还要做好更深层次的信息传播工作。在掌握新知识、学习新技能的同时，还要和读者保持积极互动和沟通，基于读者需求去提供优质的服务，要顺应移动阅读的发展形势。

### （三）移动阅读对图书馆的新要求

#### 1. 改进图书馆的资源采购及藏书结构

目前，图书馆基本上都引入了数字资源，也使其资源采购计划和藏书结构有了较大改变。现阶段，图书馆需要采购更多符合读者阅读要求的数字资源及移动信息资源，并应与电子出版企业、高校图书馆及各大研究机构保持密切合作，确保资源能够最大限度地实现共享，防止出现重复建设问题。此外，图书馆还要合理调节数字资源和纸质资源的比重，进一步增加数字资源的采购数量，使图书馆的馆藏结构更加科学合理。

2. 转变图书馆服务模式

在使用移动终端设备之后，读者在实际阅读过程中不再受空间及时间的制约，这也要求图书馆必须转变服务模式，延伸服务内涵，拓展服务范围，以便更好地满足移动阅读环境下读者的实际需求。例如，在移动阅读环境中，图书馆应借助短信、微信公众号及数字图书馆 APP 等，将读者所需或感兴趣的信息及时推送给他们，确保他们能够享受到图书馆所提供的便捷化服务。目前，不少城市都建有自动化图书馆及 24 小时图书馆自助服务，可以为读者提供更便捷的服务。读者能够通过各种移动终端设备实现在线访问，能够更好地利用碎片化时间开展阅读活动。正是由于移动阅读具有以上的优势与特征，图书馆在提供服务的过程中必须充分发挥移动阅读的优势，重视知识服务与管理工作，提升图书馆阅读服务的质量。

3. 转变图书馆管理体制

在移动阅读环境中，读者阅读需求也变得更加多元化，同时，图书馆在大量购进电子类信息资源后，对图书馆的采访及编目人员提出了更高的要求。图书馆需要转变自身的管理机制，进一步优化采访及编目等工作流程。因此，图书馆应变革现有的资源采访管理机制、编目管理机制及借阅管理机制，以适应移动阅读环境的要求。此外，图书馆在为读者提供数字资源的同时，需要确保数字资源的兼容性问题，并在馆员教育和培训方面也需要有所转变。

## （四）图书馆移动阅读的读者实际需求分析

第一，读者的个性化需求更为显著。图书馆提供各种服务的出发点及最终落脚点均是读者实际需求，读者的需求对图书馆提供服务的内容及模式等有着极大的影响。在移动阅读逐步得到普及的过程中，读者的实际需求也更加个性化。同时，在移动阅读的影响下，越来越多的读者开始青睐阅读与时尚及流行相关联的内容。在查询专业知识的过程中，读者同样也开始借助移动设备，希望能够不受时空限制完成知识查询工作。因此，在移动阅读环境下，读者需求呈现出个性化的特征。

第二，读者需求的即时化特征逐步凸显。受移动阅读环境的影响，读者在阅读的过程中更加倾向于在移动终端使用信息资源，同时，也要求能够通过移动终端检索图书馆的文献及资源。读者希望能够借助“一站式”搜索引擎检索与阅读图书馆海量的数据库信息，并能通过移动设备随时随地访问图书馆的资源和数据库。

## 二、图书馆移动阅读服务的模式与运行体系

图书馆移动阅读服务，即指基于移动互联网环境下用户的阅读需求及阅读目的，借助移动设备和媒介，为读者的阅读活动提供的一系列阅读服务。图书馆作为公益服务机构，在移动阅读服务推广方面，可以与各大数据内容提供商、出版商、终端设备制造商、运营商及技术公司进行合作，共同推动图书馆移动阅读的发展，创造多赢的市场格局。

### （一）图书馆移动阅读服务的模式

#### 1. 图书馆移动阅读服务模式类型

目前，图书馆移动阅读服务模式，主要分为以下几种类型：

（1）借阅模式。借阅模式，即由图书馆服务机构购买移动设备（如电子书阅读器、平板电脑等），预装数字内容，出借移动设备为读者提供移动阅读服务。

第一，纯设备借阅模式。纯设备借阅模式，即用户一方面可以通过借阅电子书阅读器等移动设备，阅读电子书阅读器中随机预装的图书，也可以自己使用阅读器去网站中下载所需资源。目前，很多图书馆和高校图书馆都提供电子阅读器、平板电脑出借服务，此种新颖的服务和新的阅读体验深受用户欢迎。

第二，设备定制模式。设备定制模式，即对电子书阅读器的软硬件系统定制开发，以便更好地揭示本馆馆藏，方便读者利用此类设备轻松访问与利用本馆海量专属数据资源。内容方面，从纯书籍阅读向综合网站（集图书、报刊、网络文学于一体）及安装具有以上功能和内容集合的应用发展；硬件功能方面，由电磁笔触控或键盘控制向更接近传统阅读体验的手指触控等发展。图书馆用户凭借上海市图书馆一卡通就可在上海市任意一家图书馆借阅到电子阅读器，并可以登录上海图书馆打造的海量资源阅读平台，方便地检索、下载、浏览并阅读自己所需要的信息资源。

（2）采购移动服务平台或移动服务模块。采购移动服务平台或移动服务模块，即图书馆等服务机构通过购买移动服务平台或图书馆自动化系统中的移动服务功能模块，为用户提供移动阅读服务。国内图书馆用户可以购买书生移动图书馆或超星移动图书馆等移动服务平台，使用各种手持移动终端设备的读者就可以对图书馆的电子资源进行检索、借阅或全文访问等。

移动服务平台提供期刊、论文及电子书在线阅读服务，或者可以通过购买汇文软件的短信服务平台、手机图书馆门户、掌上 APP 等，如大连理工大学图书馆购买汇文移动服务平台，通过书目检索系统手机服务和掌上汇文平台，提供图书咨询、预约、续借、图书

评价与最新通报、讲座信息及推荐阅读等服务。

（3）自建或合作开发模式。自建或合作开发模式，即图书馆通过自建（或合作开发）移动图书馆平台、数字资源或机构库等移动馆藏资源，为图书馆用户提供移动阅读服务，如清华大学移动数字图书馆系统、重庆大学移动图书馆、厦门大学图书馆手机客户端等，通过自建（或合作开发）的移动图书馆平台，为拥有相应设备的读者提供移动阅读服务。以图书馆2.0资源为例，图书馆不仅可以通过微博等渠道发布采购的新书目录，还可以给出图书馆电子资源的链接，方便读者的移动阅读。作为读者，可以通过微博留言给出自己的意见，提出自己的阅读意愿或者分享阅读体验。图书馆可以根据这些用户的信息进而改进自身的服务，如清华大学图书馆、厦门大学图书馆都在腾讯或新浪上建立了自己的官方微博。

### 2. 图书馆移动阅读服务模式创新

（1）加强管理体制改革。

第一，政府方面要立足于全局，通过集中化管理的办法，构建出优势互补、协调统一的管理体系。成立可覆盖全国的综合性调控管理职能部门，去对图书馆管理运行工作进行布局和调控，特别是要注重当前移动阅读环境下数字资源的收集、开发、利用，同时，还要做好资源优化的监管工作。

第二，政府在对图书馆进行集中管理时，务必要加强公共资源的高效统一，还要侧重分析各地图书馆的差异性，通过对信息资源的统一整理和开发利用，让图书馆信息化建设工作得到稳步推进。还有就是要对各馆差异进行分析，通过有效改革去充实各馆资源，从而达到查漏补缺的目的。

第三，政府要从微观角度入手，深度加强各馆内部管理机制的创新力度。当前，信息技术快速发展，群众生产生活发生了巨大变化，所以图书馆在进行信息化建设时要建立一套优秀的内部管理机制，为后续开展移动阅读服务工作保驾护航。

（2）完善馆藏采购方案。

第一，图书馆在进行信息化建设时，务必要对自身的文献资源采购方案进行深度完善，并在此基础上逐步增加数字资源采购占比，主要包括电子图书和电子报刊以及网络出版物等资源，同时，图书馆还要对不同资源进行针对性的编目，而后通过高效整合向读者直观地展示资源内容。

第二，图书馆要充分利用先进科技去创建图书馆联盟论坛组织，通过馆际之间的有效合作，形成资源共享、共建的格局，以有效规避资源浪费等问题，保障图书馆为广大读者提供尽可能多的信息资源，进而全方位、多角度的满足读者阅读需求。

（3）资源整合。新时期的图书馆，不仅要对文献资源采购计划进行调整，还要立足于馆藏现状，对特色文献资源加强整合，对阅读需求量大的资源进行数字化处理。具体要做到如下几点：①图书馆需要进一步地提高数字文献资源占比，对自身特色馆藏进行数字化处理，使之变为更适合移动阅读的数字资源。期间要根据不同读者的不同阅读需求，和本馆馆藏特征相结合，创建出极具地区特色的数据资源库。②图书馆要尽快构建出立体化的网络阅读格局，让广大读者可以自由、主动地进行学习，进而全面提升读者的自主学习能力。③图书馆要加强对公共文献资源的开发和利用，并要做好音视频资源的收集、整理工作，从根本上有效整合馆藏资源，更好更优的为民服务。

第一，资源收集和平台建设。图书馆应结合当前各移动阅读平台的发展情况，从大量网络资源中筛选出能够和移动阅读相匹配的资源类型，之后在此基础上认真做好资源收集和资源整理工作。其重点在于，图书馆要设置专门的机构和人员，专职负责网络数据信息的搜集、整理、优化工作，并按照不同资源特征建立针对性的数据信息检索库。

新时期的图书馆，要持续做好网络资源平台建设工作，将处于分散状态的多样化资源加以整合，如此才能为读者阅读和读者检索信息提供便利，让读者在同一入口和检索界面通过一次检索便可马上获得所需资料。当前现状是，国内各个地区的图书馆普遍实现了移动阅读服务的目标，可为读者实时性地提供网络数字资源，但这些资源的格式却难以被统一，所以资源共享效果难免差强人意。基于此，图书馆务必要打造多类型数字资源兼容的移动设备，如此才能进一步满足读者对移动阅读的要求。从数字资源平台内容上去分析，图书馆一定要持续加强数字资源的适用程度，交互界面要尽可能地简洁明了，并要对系统功能加以完善，开发出和移动阅读设备相匹配的新型交互界面，为读者阅读提供更多的便利。

第二，自助服务。图书馆在提供移动阅读服务时，一定要让读者自主、便捷地去获取信息，就算是馆员难以为读者提供帮助时，读者自己依然可以高效获取资源。此时的图书馆，务必要做好以下几项工作：①图书馆要在移动阅读服务模式完善方面下功夫，深度加强技术推广力度，要让广大读者全面掌握移动阅读终端的使用方法和使用技巧，针对不同终端的情况对读者进行指导，使之可以熟练使用相关设备，顺利地去检索信息、下载信息以及存储信息。②图书馆要为读者提供全天候不间断的移动阅读服务，要让读者无论在任何时间内都能够获取想要的信息内容。③图书馆需要在加强移动阅读技术研发的同时及时更新馆藏数据内容，既要凸显出数据资源的专业性，还要凸显出数据资源的个性化特征，让读者有多样化的选择，不断提升自助服务效果，有效满足读者阅读需求。

第三，人才建设。图书馆在对外提供移动阅读服务时，要求馆员的业务能力和职业素养要达标，要通过有效的培训去增强馆员的服务能力，在培训和教育中要向馆员传递最新的资源制作技术、电子设备使用技术、身份确认终端技术、信息采集终端技术等，并且还要大力培训馆员的信息素养，促使图书馆移动阅读服务平台发挥出预期作用，满足读者阅读需求。

随着移动互联网技术的迅猛发展，移动阅读时代已然到来。图书馆开展移动阅读服务工作是大势所趋、民心所向，政府要通过加强管理机制改革力度去为该项工作保驾护航，图书馆自身也要对资源整合、平台建设、馆藏建设、自助服务、人才建设等工作重视起来，这样才能不断提升移动阅读服务水平，为全民阅读目标的实现奠定坚实基础。

（4）对网络资源进行收集，强化平台构建。结合现阶段移动阅读环境中各个平台的实际建设情况，图书馆要从海量的网络资源中筛选出与移动阅读更匹配的资源，并进行收集与梳理。图书馆应设置专门的机构和人员，对网络中的各种数据信息进行筛选、优化工作，同时，根据不同资源所属领域及专题等构建数据信息检索库。图书馆还需要进一步强化对网络资源平台的建设工作，把处于分散状态的各种数字资源进行有效整合，为读者阅读以及检索提供更大的便利，使他们能够在同一入口及检索界面中仅进行一次检索操作就能够直接获取到所需要的数据与资源。

目前，很多图书馆基本上都实现了移动阅读服务目标，可以实时为读者提供所需的数字资源、音频资源、视频资源等多类型资源。但是，很多数字资源由于采用的格式不统一，无法得到共享。为此，图书馆应进一步提升对平台的技术研发投入力度，使图书馆所提供的数字资源能够兼容多种移动设备，满足读者对移动阅读的实际需求。从平台内容来看，图书馆应重视数字资源的适用性，使构建平台的交互界面更加简明化；从应用功能来看，图书馆要开发出能够与移动阅读设备相匹配的 WAP 交互页面。

（5）确保自助服务目标得以实现。图书馆在开展移动阅读服务的过程中，不仅要满足上述要求，最为重要的是要确保读者可以更为自主与便捷地获得所需的信息资源，即便是在图书馆馆员不能为读者提供帮助的情况下，读者依然能够轻松与快速地获取到图书馆的相关资源。为此，图书馆需要做好以下工作：

第一，在移动阅读服务模式优化方面应进一步强化技术推广，使读者能够更加全面地了解移动阅读终端的具体应用方法与技巧，图书馆应针对不同终端的实际情况开展有效指导，确保读者能够熟练应用相关设备，完成信息资源的检索、下载及储存。

第二，为读者提供全天候服务，使读者在任何时间都能获得所需资源。

第三，在技术方面应达到无缝对接的要求，最大限度地满足读者的实际需求。

第四，及时更新馆藏数据资源，凸显数据资源的专业性以及个性化特征，满足读者的多样化需求。

## （二）图书馆移动阅读服务运行体系

随着移动阅读服务的发展，图书馆需要重新规划与设计现有的工作流程和运行规划，甚至需要对数字资源进行重新定义与组织，从而适应图书馆移动阅读的需求。因此，图书馆可以将传统的数字图书馆资源向移动化业务系统集成的方向转变，形成移动化的服务平台。在这个系统体系中，基础支撑层的工作主要负责对目前数字图书馆以及业务系统的基础数据进行统一的规范与整理，并以标准接口的形式输出给内容层；在内容层以服务、资源、业务等多个方面进行内容划分，向读者端输出；在读者端接受服务之前，由技术实现层对这些资源根据现有的移动技术进行页面友好性加工处理，并以多种形式向用户层展示；最终，读者可以在用户层获得图书馆提供的移动阅读服务。

### 1. 基础支撑层

基础支撑层在传统的数字图书馆标准基础上进行优化，对硬件环境、系统标准、信息资源及服务接口进行标准化定义，在商业系统平台及图书馆的共同努力下，建立各图书馆认可的统一数据标准对图书馆的移动服务起到至关重要的作用。因此，在资源接口方面应兼容资源的元数据标准、共享代码、数字对象标准、规范文档等诸多数据基础工作所需的标准与规范，从而为移动服务奠定坚实的基础。

### 2. 内容层

内容层从多个方面进行细分，分别是服务、资源和业务。

（1）服务。从移动服务的特性来看，可分为多种类型，分别是单一型、延伸型和融合型。其中，单一型是指沿用了传统的资源检索与获取模式，将传统的 PC 端服务延伸至移动服务端，读者可以随时随地查询图书馆所拥有的资源，这种模式为图书馆在各类资源的揭示方面提供了较好的扩展空间，为读者提供了无处不在的资源服务；延伸型是将传统的图书馆服务利用移动端的特性进行延伸。例如，微博、微信、短信等服务，此类服务将传统的图书馆服务通过移动端的特有属性进行整合，并提供简便、快捷的移动信息服务；融合型是指对图书馆与网络信息资源的整合服务，这种服务结合了传统的图书馆资源，也整合了网络开放的信息资源，使读者在获取图书馆资源的同时，也可以通过开放的第三方资源接口获取更多的相关资源服务。

（2）资源。图书馆服务的主体是自身拥有或购买的信息资源，在传统的信息服务中，资源的表现形式为图书、图片、期刊文章和音视频等，在移动服务中，这些资源类型依然是主要的服务方向，但必须注意资源表现的友好性。因此，需要在内容层对资源进行二次加工，即对现有的资源进行移动化处理，这个处理包括分辨率、文件大小、播放格式等问题，以便读者能在移动端通过较小的带宽损耗获得更多的资源，并能满足读者碎片化资源获取的需求。随着智能终端的快速发展，资源的表现形式逐渐变得多元化及更好的兼容性，为图书馆移动服务提供了更广阔的展示空间，图书馆资源的移动化加工越来越偏重内容的多样化展示，如图片可以识别内容、添加便签、添加笔记等功能，这些功能的实现需要在内容层对资源进行有序化处理后方可实现。

（3）业务。传统的图书馆业务关注在资源的组织与揭示上，移动服务为传统的图书馆业务带来了改革与创新，为了适应移动阅读服务，诸多图书馆将业务重点从传统的业务中分出部分在移动阅读方面。例如，为了实现图书馆的短信服务，需要针对短信服务的特征进行系统开发与服务监控；为了让读者享受无处不在的资源服务，特别设立移动服务网站；等等。

## 三、图书馆移动阅读场景化发展

随着移动互联网技术的大规模发展与应用，人们的信息获取方式和信息交流行为发生了巨大改变。5G 技术的兴起进一步促进了大数据、云计算、人工智能、物联网等新兴技术的发展，从而推动移动阅读的不断拓展与更新。为适应时代变化，图书馆纷纷开展移动阅读服务。然而，相关研究表明，当前图书馆开通的移动阅读服务存在用户活跃度不足、资源利用率较低等问题。针对这一现实状况，图书馆可充分利用移动媒体优势，将移动阅读多种要素进行整合，在移动阅读场景化模式下，创新图书馆移动阅读推广工作，构建移动阅读场景下的图书馆移动阅读推广模式，发挥图书馆的阅读引领作用。

### （一）场景与场景理论

场景最初是指电影、戏剧中的场面，即在特定时空下由特定的人发生的特定活动。随着互联网时代的到来，场景被认定为移动媒体时代继内容、形式、社交后的又一核心要素，作为由技术与信息支撑着的无形的存在，重构着人与人、人与资源和社会的联系。

移动互联环境下，移动媒体为图书馆带来不同以往的空间与场景格局，重塑了图书馆服务方式与内容，资源、用户与平台之间密不可分。以手机为代表的移动媒体与用户的深刻绑定，改变了用户与用户、用户与资源、用户与平台之间的互动连接方式，同时，用户的阅读需求与移动媒体所塑造的场景格局息息相关，用户的阅读兴趣不仅源自自身，与所处的信息环境也相互关联。简言之，图书馆移动阅读所涉及的用户需求、资源等关键要素在移动互联环境下趋于场景化。

## （二）基于场景理论的图书馆移动阅读

随着全民阅读立法，阅读推广工作引起了全国各图书馆的广泛重视，推动传统阅读和数字阅读相结合。推广服务命题的提出图书馆作为阅读推广的主阵地，势必要顺应移动互联网时代发展，创新推广理念和推广模式，以更好地为图书馆用户提供移动阅读服务。移动图书馆互联场景下，用户的阅读方式更加多样化，用户需求也变得复杂多样，应将移动阅读推广置于用户的场景化需求中，在动态化的场景里抓住用户的阅读需求，提供适配不同场景的个性化服务，以场景触发用户的阅读兴趣。

### 1. 图书馆移动阅读推广场景化的特征

图书馆移动阅读推广场景化契合时代发展的趋势，将人工智能、大数据、传感设备和移动社交媒体等碎片化要素整合起来，将这些原本碎片化的要素嵌入移动服务场景，充分发挥各要素聚合后的整体效用。图书馆移动阅读推广场景化可作为吸引用户的关键要素，移动互联网络不断孕育新的动态化场景，用户随时随地可获取信息，但这很容易使得用户的注意力被分散，而图书馆移动阅读推广场景化要做到的就是有效记录、实时抓取可获得范围内的用户阅读行为数据，提供适配不同场景的个性化服务，以场景触发用户的阅读兴趣，培养用户阅读行为，激发用户的潜在阅读需求。

### 2. 图书馆移动阅读推广服务模式构建

推广服务模式构建要素图书馆移动阅读推广服务模式构建需要以图书馆丰富、多样融合的资源要素为基础，以用户动态化、场景化的需求要素为核心，以融合信息资源与用户场景化需求服务平台要素为保障，以整合资源要素、用户需求要素与服务平台要素的图书馆服务要素为主体，其目的在于将用户场景化需求信息与融合性的信息资源进行匹配，使用户感受到立体式、动态化的服务，实现用户需求与馆藏资源的有效连接，在满足用户当前场景需求后，预测用户下一步的阅读需要，并提供预测性的推广服务，由此进入良性循环，实现图书馆移动阅读推广与用户的场景化需求不断适配。

（1）资源要素：多样化融合。图书馆资源要素是指图书馆拥有的丰富的信息资源，为移动阅读推广服务模式的构建提供基础和保障，是图书馆移动阅读推广服务模式的基础要素。移动互联网场景下，图书馆用户的需求是不断发生变化的，不同用户由于职业、年龄、信息素养等因素差异，所需要的信息资源更是千差万别。因此，图书馆需要充分建设信息资源，在数字化信息资源过程中确保信息资源的质量，丰富信息资源种类，涵盖文本、音频、视频等多样化资源，实现不同种类资源间的深度融合，并无缝链接多样化的相关开放获取资源，以匹配当前用户的动态复杂的阅读需求，以优质、丰富的信息资源引导及培养用户的深阅读行为习惯。

（2）需求要素：场景化适配。用户的需求要素是图书馆移动阅读推广服务模式中的核心要素。开放式、分布式的移动互联网环境造就了用户地域的广泛性、用户群体的差异性，因而用户的阅读需求呈现出动态化、场景化、个性化的特征。图书馆移动阅读推广不仅应关注用户的差异化特征，更应对由用户差异化而来的场景化需求进行分析。追踪用户的动态阅读行为，分析用户此时此刻在此场景中的阅读需求，将用户场景化需求信息与融合的信息资源进行适配。在满足用户此场景的需求后，预测用户进一步的阅读行为与需要，为用户提供所需信息，由此进入良性循环，实现图书馆移动阅读推广与用户的场景化需求不断适配。

（3）平台要素：创新性应用。服务平台要素是连接图书馆融合信息资源与用户场景化需求的桥梁，服务平台为图书馆开展移动阅读推广提供技术保障。图书馆若要创新阅读推广模式，必须依靠技术创新的推动，通过不断完善服务平台，应用技术创新手段，适应当前移动互联网时代的快速发展。通过构建基于关联数据的场景化服务架构，应用本体与关联技术搭建语义平台，基于用户需求设计场景化服务，将资源及时推送给用户，使用户感受到立体式、动态化的服务，实现用户需求与馆藏资源的有效连接。

（4）服务要素：整体性作用。图书馆服务要素是整合资源要素、用户需求要素与服务平台要素的主体要素。移动互联时代，要使图书馆服务具备竞争力，必须将资源、需求、平台等进行整合，为用户设计符合及满足其场景化需求的服务，实现阅读推广的有效性。图书馆移动阅读推广服务以用户需求为中心，融合多样化资源，通过应用技术创新平台，将匹配用户需求的资源即时精准推送，培养用户从图书馆获取信息服务的阅读偏好，激发用户阅读的主观能动性，建立图书馆与用户之间的立体互动方式，提升图书馆移动阅读推广服务成效。

## （三）图书馆移动阅读推广服务模式的实施路径

### 1. 精准把握用户需求，适配用户需求场景

图书馆移动阅读推广服务应始终以用户需求为核心，善于应用先进技术，时刻把握用户的动态化、场景化需求，构建以用户体验为核心的场景化阅读。基于大数据、人工智能、云计算等技术，在维护用户隐私的前提下，采集用户数据信息，挖掘用户潜在信息需求，针对用户当前阅读环境、行为习惯、社交氛围或阅读兴趣等为用户定制个性化的阅读

服务。适配用户的需求场景，以用户所需的文字、音频、视频等融合性资源，打造多感官体验的阅读环境，借助移动互联环境打破阅读的时空限制，为用户提供持久性、稳定性的阅读体验，突破时空限制使图书馆服务触手可及。

### 2. 更新服务理念，提高要素整合能力

图书馆作为移动阅读推广服务中的主体因素，需要发挥主导作用，将多种资源有效整合，保证阅读推广的有效性。在服务方式方面，除线上推广外，打通线上线下的连接，利用线上线下联动宣传引导用户使用移动阅读服务，还可以联动其他图书馆、博物馆、美术馆等强化社会合作关系，实现多种资源交互共享，多方力量协同参与；在服务能力方面，移动互联时代的不断发展对图书馆员的服务能力提出了挑战，图书馆必须定期开展馆员培训和继续教育，更新图书馆员的知识储备，提升馆员的职业能力，以专业、优质的业务水平更好地为用户服务。

移动互联网的快速发展给图书馆带来了挑战和新的发展机遇。图书馆可充分利用移动互联网优势，将移动阅读要素进行整合，在移动阅读场景化模式下，融合多种资源，加强数字资源建设，创新服务平台，提供图书馆—用户、用户—用户之间的多向交互渠道，精准把握用户需求，适配用户的阅读动态场景，构建移动阅读场景下的图书馆移动阅读推广模式，创新图书馆移动阅读推广工作，发挥图书馆的阅读引领作用。

随着智能手机、平板电脑等移动终端的应用与普及，移动阅读逐渐发展成为当前读者阅读的主要方式。通过各种移动终端，与移动网络相连接，读者可以实现随时随地阅读。目前，移动阅读越来越受到读者的青睐，已逐步发展成为引领时代潮流的一种阅读方式。

### 3. 加强数字资源建设，融合多样性资源

加强适应移动互联网环境发展趋势的图书馆数字资源的建设，是图书馆发展移动阅读推广服务的基础性要求。图书馆可通过智能化方式有效采集包括文字、音频、视频等在内的适合移动端使用的多种信息资源，针对当前热门的网络资源，如对话小说、有声读物等优质、原创资源进行筛选引入，融合多样化资源，针对用户使用场景，多元化建设相关资源。在收集数字资源的基础上，按照资源分类标准并结合用户阅读行为习惯进行资源分类，增强用户对数字资源查找和获取的准确度。长此以往，才能提高图书馆数字资源的使用效率，增强用户的活跃度和参与度。

### 4. 创新服务平台，提供多向交互渠道

图书馆移动阅读推广服务平台是图书馆的信息资源推广及与用户交流互动的空间，是图书馆与用户及用户与用户之间的多向交互平台。应将图书馆门户网站、微信公众号平

台、图书馆移动阅读服务 APP 等进行整合，构建多门户、相互连通的全方位服务平台。图书馆可以通过服务平台即时推送给用户适配资源，根据用户阅读习惯设置平台的导航界面，引入语音检索方式以方便更多用户的使用；另外，建立用户间的交互渠道，让用户通过阅读建立深层次的社交网络，并在阅读中体验多向互动共同参与服务过程，通过服务平台增加阅读推广的黏性，树立图书馆移动阅读推广的品牌形象。

# 第五章 现代图书馆资源共享模式及体系

当今社会，我国经济信息发展突飞猛进，而作为信息资源传播的中介图书馆，对自身发展的要求也在不断提高。时至今日，现代图书馆的发展必须具备资源共享的实用性，并能够不断完善自身资源共享模式与体系。所以，建立现代图书馆资源共享模式及体系是我国图书馆进一步发展的必然选择。基于此，本章对图书馆资源共享的发展历程、图书馆资源共享的主要模式、图书馆资源共享的优缺点、图书馆资源共享的典型体系进行论述。

## 第一节 图书馆资源共享的发展历程

进入20世纪以后，世界经济文化迅猛发展，纸质出版物大量涌现，图书馆行业日益认识到，只有依靠图书馆之间的相互合作和“资源共享”，才能满足读者的信息需求，这个共识促进了“资源共享”的发展。最初，小规模、短距离之间的图书馆间协作是“资源共享”的运行模式，如藏书的协调分工和馆际互借。

20世纪70年代以来，联合国教科文组织、国际图联等国际组织共同致力于全球范围内的文献资源共享。1971年，“世界书目控制计划”被提出，旨在使用世界通用的标准与规范，建立一个世界编目网，共同交流书目信息；“世界出版物的收集利用计划”被提出，旨在建立一个具有文献出版、发行、采购、存储等基本功能的国内书目系统和馆际互借网络，最大限度地为读者提供所需要的文献资源，其最终目的是实现全球文献资源共享。1977年，“发展中国家图书馆资源共享会议的预备会议”“国际书目协调会议”“第二次苏联东欧国家图书馆会议”都将资源共享作为议题。

互联网的蓬勃发展开启了人类文明的新时代，随着计算机、通信技术、网络等技术的发展及广泛应用，联机检索系统迅速发展。2000年至今，通过长期的探索实践，我国资源共享服务体系已经较为成熟，在国家层面上，除了稳步推行的中国高等人文社会科学文献中心项目，2000 年成立的中国国家科技图书文献中心，2002 年文化和旅游部、财政部开始启动实施的全国文化资源共享工程，2004 年教育部启动的中国高等人文社会科学文献中心项目都发展良好。同时，全国范围内也出现了区域内资源共享工程，如江苏省文献资源保障系统、吉林省文献信息资源共享平台、天津市文献资源保障系统、重庆市科技文献共建共享平台等；让人欣喜的是，图书馆行业内也发起了专业特色资源共享平台的建设。

网络时代的“资源共享”，图书馆改变了“资源共享”思路：不再局限于自身的固有资源，呈现出向外扩伸趋势，跨区域、数字化、多样化；从用户角度出发，关注资源的利用率，注重用户需求和满意度，从被动等待服务转为主动提供服务。区别于以前的“馆际互借”“联机检索书目”，向纵深方向发展，在内容上侧重于数字资源共享，如联合编目、电子图书、多媒体数据库、在线信息咨询等；在共享方式上除了邮寄、传真，更多的是依靠 E-mail、在线网页、即时通信软件等。

总之，我国资源共享理论研究是从“文献资源共享”逐渐过渡到“资源共享”，图书馆文献资源共享，就是指两个以上的图书馆之间彼此共享对方的文献资源以满足本馆读者文献需求的文献利用活动。资源共享主要是利用各种技术、途径和方法来建立各个图书馆之间以及图书馆与其他相关资源特有机构间的协作互补关系，达到共同揭示和共同建设信息资源的目的，从而最大限度地满足广大用户对信息资源的需求。

合理的发展模式决定了资源共享实际所能取得的效果，模式建设是资源共享的根本问题，因此，资源共享模式一直都是图书馆学界研究的重点。资源共享平台的建设，是实现信息资源共建共享的前提，直接影响着读者获取共享资源的质量。

从物质、制度、文化三个层面开展研究，建立一个立体的、具有整体演化和可持续发展以及充满创新活力的信息资源共建共享运行机制和保障体系。为了切实保障读者的需求，在实现资源共享的过程中，图书馆必须采取有效的措施，才能保证服务的品质与效率。

## 第二节　图书馆资源共享的主要模式

从 20 世纪 90 年代开始，图书馆界开始尝试信息资源共建共享，21 世纪初，公共图书馆、大学图书馆、科研情报院所等几个系统迅速开始了共建共享的实践。近年来，我国资源共享工作发展颇具规模，以下从国家级和地方级两个方面分析具体情况。

## 一、国家级资源共享模式

国家级资源共享模式——中国高等教育文献保障系统，该系统管理中心，组织全国高校共同建设以高等教育数字图书馆为核心的文献保障体系，开展各个省级文献服务中心和高校数字图书馆基地的建设。目前，基本形成了以中国高等教育文献保障系统为中心，“全国中心—地区中心—高校图书馆”三级保障结构。

中国高等教育文献保障系统已经完成的第一、第二期建设，实现了不同介质、不同类型的纸质、电子资源之间的集成，实现了异构馆藏、虚拟馆藏的集成，建立了联合目录数据库、高校学位论文会议论文数据库、高校专题特色数据库、重点学科导航数据库等。目前，中国高等教育文献保障系统已进入第三期建设，试图利用先进的云计算技术和数字图书馆信息技术，全面整合和提升中国高等教育文献保障系统原有服务与国内图书馆界的资源与服务，实现“一个账号，全国获取”的服务模式。

## 二、区域资源共享模式

区域资源共享模式——区域图书馆资源共享体系，近年来，区域图书馆资源共享体系建设在近十年发展较好，初见成效。特别是率先在全国实施的江苏省高等教育文献保障系统，作为中国高等教育文献保障系统建设的一个组成部分，已经初步形成了结构优化、布局合理、配置精当的文献收藏系统，形成江苏省高等教育文献信息的保障网络，保证了江苏省高等教育现代化建设目标的顺利实现。

广东、吉林、河北、海南等省也都开展了不同程度的文献资源共建共享活动，特别是经济发达地区，如北京高校网络图书馆、广东图书馆文献资源共建共享、天津市高校数字化图书馆、全军医学图书馆资源共享工程、吉林省高等教育优质教育教学资源共享服务平台等。我国西部地区四川省、重庆市已启动部分文献信息资源共建共享建设项目。

## 三、自主资源共享模式

自主资源共享模式是指地域自发成立了一些资源共享体系，最典型的就是广州石牌地区高校图书馆协作组。1994 年借广东省教育厅组织广州石牌地区高校联合办学的东风，在广东省教育厅和广东省高校图工委的组织下，由华南理工大学图书馆牵头成立了广州石牌地区高校图书馆协作组，探索建立区域性共建共享的文献保障模式，以保证石牌地区高校教学科研的文献信息需求，体现联合办馆的优越性。

2008 年 11 月，经广东省教育厅批准，南方医科大学、广州体育学院、广东金融学院三所高校的图书馆加入协作组，成立“天河地区高校图书馆联盟”。2010年元月，广东外语外贸大学图书馆加盟“天河地区高校图书馆联盟”，由于协作网成员馆广泛分布于天河区、番禺区和白云区，原“广州天河九校图书馆联盟”改名为“广州地区高校图书馆联盟”。此后，随着广州中医药大学图书馆、广东商学院图书馆的加入，“广州地区高校图书馆联盟”已覆盖广州主要行政区，成为广州乃至华南地区教育教学资源的重要保障基地。

“卓越联盟”图书馆共享服务平台。“卓越联盟”是包括同济大学、重庆大学等10所国内工科强校组成的“卓越人才培养合作高校”的简称。“卓越联盟”各成员高校以共同推动高等教育教学改革与卓越人才培养为目标。2011年，“卓越联盟”各成员高校图书馆共同签署了“卓越联盟”高校图书馆共享合作框架协议；2012年10月23日，“卓越联盟图书馆知识共享服务平台”开通仪式在湖南大学举行，服务平台在各联盟高校同时开通。“卓越联盟”图书馆共享服务平台全面系统整合了联盟各高校图书、期刊、学术论文、会议论文和数据库的资源，实现了联盟内部资源导航和共享。

北京财经类院校数字图书馆资源共享。2009年12月，北京地区五所财经类高校（对外经济贸易大学、首都经济贸易大学、北京工商大学、中央财经大学、北京物资学院）图书馆与北京世纪超星信息技术发展有限责任公司合作，依托该公司读秀搜索平台和跨库检索软件，联合建设了“北京财经类院校资源共享平台”，该平台于2010年1月1日正式开通运行，共享资源包括五所院校图书馆的图书目录、电子图书、报纸等多个中文数据库和外文数据库。多所高校图书馆的读者在校园网IP范围内无须开户、直接登录就可以很方便地使用检索功能，本馆资源可以直接打开全文链接，外馆资源则提供免费原文传递服务。

## 四、微服务模式

“微”是指微型和微缩，微服务是一种特殊的应用架构体系。微服务简单来说就是具有单一功能且能够独立运作的应用架构，是有别于具有多种功能、复合性能的应用架构的“单一”架构模式。

### （一）微服务模式构建的意义

微服务的出现，有力推动图书馆资源共享工作向着更高和更深层次发展。微服务的颗粒化以及独立架构，能够打破信息传输和共享在传统网络传输模式下的技术与机制壁垒，提高资源共享工作对资源需求变化的响应速度和共享能力，从而提高信息数据传输效率与传输质量。

微服务不仅具有独立架构、颗粒化等特点，其组件化和便于部署和调整的特性也给微服务的外延拓展带来了更多便利。在微服务模式下的资源共享，图书馆可以不再作为资源共享的唯一中心存在，而是将更多机构、单位甚至个人纳入资源共享的网络当中，资源接受者同时也可以作为资源共享者存在，这样不仅提高了资源共享过程中的互动性与信息交流深度，也无形中扩大了资源规模和共享覆盖面，进一步提高了资源利用率及资源共享价值。

微服务不仅能够凭借自身的架构优势更快实现功能优化、拓展以及部署调整，同时，在去中心化的特性作用下，还能够真正做到以资源共享需求者或者传播者为中心，进行更具个性化与针对性的功能实现，跳脱原本的平台及系统限制，为每一个资源共享的传播者或者接受者构建一个“专门资源库”，实现对“资源共享”发出与接收端的精准服务。

微服务能够为资源传播与使用者提供个性化与定制服务、实现服务精准投送。同时，微服务的独立架构也能够实现安全协议、安全程序的独立搭载。尤其是在去中心化特性作用下，其安全性与稳定性都能够远远优于传统的网络系统及信息技术环境下的安全管理水平，真正做到信息资源传输与使用的便捷、精准、及时与安全。

### （二）微服务模式构建策略

推动图书馆资源共享中的微服务模式构建，不仅能够直接推进国内图书馆在资源共享方面的工作效率与质量，也更加有利于微服务在我国各领域的进一步研究和应用。

#### 1. 重塑资源共享的意识

资源共享是图书馆重要的工作任务与主要职责之一。随着信息时代的到来，资源共享从需求到手段都发生了翻天覆地的变化，想要适应这些变化，必须加强信息技术的深度应用，尤其需要重视微服务在图书馆资源共享工作中的作用发挥。一项技术的应用不仅只是技术层面的问题，同时，也是意识层面的问题。我们不仅需要在微服务应用架构搭建、功能实现方面突出对知识产权保护的力度，更需要从管理意识、资源共享与资源利用上加强知识产权保护意识，从而始终保证图书馆资源共享工作的规范性。

#### 2. 加强资源共享的合作关系建立

资源共享的是现代社会发展的主题，图书馆要做好资源共享工作，不仅需要最大限度地对馆藏资源进行对外推广，更需要加强社会层面上的合作，将社会资源进行整合集中并提供给更多的使用者。因此，加强合作不仅是微服务模式构建的必然要求，更是图书馆开展资源共享工作的必经之路。

在合作关系建立过程中，应当重视应用互通、信息互联、技术互用以及互惠互利，立足于合作需要进一步深化微服务模式在技术层面、安全层面、通信层面，以及平台融合等众多方面的研究工作，真正在合作关系建立以及合作关系维系方面发挥更大作用。

3. **完善技术应用**

微服务应用的基础是各项信息技术。①立足图书馆资源共享这一具体课题，找准微服务在应用过程中存在的核心技术难点和问题，围绕图书馆资源共享工作内容对微服务进行准确定义，并以此为基础在功能上、架构上及实现途径上进行解构与重构，保证微服务能够充分适应图书馆资源共享，如工作所要求的应用场景、功能实现以及服务需求等。②根据图书馆资源共享的工作特点，将微服务规模化应用后的运营维护问题作为研究的主攻方向，提高通信质量、信息推送准确性、接口灵活性，最大限度避免因为技术问题给图书馆资源共享带来的影响。

总之，资源共享的重要性越发突出，图书馆在资源共享中的角色定位也更加突出。为此，图书馆应当进一步加强资源共享方面的技术研究，将微服务模式引入图书馆资源共享工作当中，在扩大资源共享覆盖面的同时，进一步拓展资源共享的深度与广度。

## 第三节　图书馆资源共享的优缺点

### 一、图书馆资源共享的意义及优点

#### （一）图书馆资源共享的意义

资源共享的建设将成为图书馆当前及未来的主要工作中心及发展方向，对其发展具有不可替代的重要意义。

资源共享可以解决文献量和价格的激增，带来的购书经费不足的问题，合理配置资金，减少图书管理的工作量随着经济的发展，科技的进步，各学科领域中的文献量和价格以迅猛的态势增长。为了更加合理的配置资金，促进图书馆的发展，优化图书馆资源，就必然要选择走资源共享的道路。如此就能保证在文献量入藏不足的情况下，满足人们对信息资源日益增长的需要，避免重复浪费。

资源共享可以提高文献的利用率，通过信息资源的共享就能有效的解决此问题，使他馆的用户可以通过共享模式查找到别馆的所需信息资源，扩大了信息来源的途径，增加了信息资源的利用，使各图书馆之间的沟通加强了，资源得到有效的利用。

资源共享可以提高用户使用的满意度，解决文献分布不合理所带来的问题随着科研水平的不断提高，信息资源的种类不断细化，用户对信息资源的需求越来越强烈，要求越来越高。因此，要求各图书馆要有资源共享的意识，如此才能在有限的资源条件下，优势互补，最大程度地满足用户的信息需要。

### （二）图书馆资源共享的优点借鉴

第一，统一部署，注重协作。国外资源共享计划性强，协调性好，重视整体的系统建设，注重建设质量和实际的效果。如美国图书馆信息共享组织完善、合作基础良好、共享成员间联合合作密切，且有专门的管理委员会负责管理。

第二，推广范围广、力度大。国外资源共享发展时间较长，实践经验丰富，推广范围广，力度大。如日本的 NACSIS①，隶属于文部省，覆盖了日本所有的大学，是日本全国性综合信息共享系统，也是日本文献资源保障体系的中枢；再如，美国数字图书馆联盟打破国家的界限，吸收了大英图书馆、牛津大学图书馆、亚历山大图书馆等的加盟，已经成为国际性的图书馆联盟。

第三，资源共享多样化。美国图书馆联盟各成员馆馆藏有重点、有特色，联盟众多，发展迅速且程度较高，甚至有国际范围资源共享的超级联盟，这些联盟以集团购买电子资源为基础，将互联网作为手段，提供多种多样的服务，除了馆际互借、文献传递、联合采购、远程教育等日常服务，还出现了工作经验、业务培训、系统支持等人力资源、管理资源方面的共享。

第四，注重科学研究开发。国外资源共享非常重视研究项目的开展，在纸本文献数字化、资源利用最大化等方面进行了大量的研究。例如，OCLC② 在肩负着建设网络和维护网络任务的同时，也投入大量的资金支持新技术的利用和创新；日本 NACSIS 的学术信息网络专门为各个研究者终端提供学术研究专用的信息通信网，以促进大学、研究机构的学术信息交流；美国数字图书馆联盟必须满足“具有重大的研究和开发能力”这一条件才能成为其盟友。

---

① 日本国家科学资讯系统中心（NACSIS），以及日本国立情报学研究所（NII）共同合作举办。

② OCLC（Online Computer Library Center）即联机计算机图书馆中心，总部设在美国的俄亥俄州，是世界上最大的提供文献信息服务的机构之一，它是一个非营利的组织，以推动更多的人检索世界上的信息、实现资源共享并减少使用信息的费用为主要目的。

## 二、图书馆资源共享的缺点

第一，缺乏统一部署，模块化、重复性建设现象严重。由于我国图书馆在行政上归属于不同的行政管理部门，长期以来，导致图书馆事业缺乏条块分割，缺乏协作意识，整体宏观调控力度不足。如根据中国高等教育文献保障系统项目进展，广东省教育厅与中山大学共同建立了“中国高等教育文献保障系统华南地区中心”，在随后的十多年中，广东教育厅与华南师范大学共同建立了“广东网络图书馆”、广东省中心图书馆委员会组织建立了“广东省文献资源共建共享协作网”、广东省六所高校图书馆组织成立了“广州地区高校图书馆联盟”，这些项目建设的目的一致，但分属不同的管理部门，有重复建设的情况。

第二，主动性不足，重点关注文献，少有关注读者。我国图书馆资源共享项目，如联合书目、联合采购、版本图书馆都是重点立足于文献资源建设的体现，但是如何让读者能够方便地使用这些文献资源的建设项目偏少。

第三，时间和空间范围有限。中国高等文献保障系统（CALIS）发展较为成熟，但推广的范围不够大。再如天津市高校图书馆共享模式有些理想化，空间上有局限，如在校大学生读者毕业后，出了天津市的范围，就不能使用这个文献共享体系，而时间范围仅限于在大学期间。

第三，共享体系的可持续性发展与维持。我国资源共享项目主要依靠财政拨款，没有建立一个可持续发展的资金保证体系，一旦政府不再拨款，资源共享项目则难以为继。如CALIS 和 CADAL① 这两个文献资源共享体系，均依靠国家财政的项目拨款，一旦项目建设完成之后，今后又没有申请到后续项目，则会受到很大的影响。

第五，相应的法律法规及制度不完善。图书馆资源共享的健康发展需要法律法规的保障。随着数字图书馆的发展，纸质文献的利用率在逐渐降低，读者真正需要的数字文献却由于版权保护的原因，不能通过网络直接获得，大多仍然采用传统的复制、扫描的方式获得，也就产生了相应的知识产权纠纷和信息安全问题。因此，图书馆行业急需一种新的共享形态和共享理念，来弥补上述不足，在新的社会环境、信息技术环境下提升图书馆的管理和服务水平。因此，图书馆应当构建以服务为核心的共享模式，来实现这个目标。

① 大学数字图书馆国际合作计划（China Academic Digital Associative Library，CADAL）前身为高等学校中英文图书数字化国际合作计划（China-America Digital Academic Library，CADAL）。

# 第四节　图书馆资源共享的典型体系

## 一、联机计算机图书馆中心

联机计算机图书馆中心（简称 OCLC）通过图书馆的合作将人们和知识连接起来，主要服务如下：

### （一）联机编目与馆际互借服务

一直以来，OCLC 坚持使用最先进的技术维护和管理图书联机编目系统，保证其他图书馆可分享其数目信息的功能。联机编目服务和馆际互借服务是 OCLC 提供的“核心”服务，其基础是“世界书目”数据库，是世界上数据量最大、综合性最强的书目数据库，由遍及世界各国一万多家 OCLC 成员馆通过联合编目共同创建和维护，覆盖了所有主题范畴和出版类型。联机编目服务正朝向整合的方向发展，OCLC 试图集成元数据将编目及有关服务整合于同一系统和界面下，提供更加便捷有力的服务。

OCLC 联合编目服务的同时向全世界的图书馆和信息中心提供了一种强有力的馆际互借工具。用户通过馆际互借服务的界面检索到需要的文献，确定文献收藏地（图书馆），通过查询“图书馆章程目录”获取有关文献收藏地的图书流通政策、服务方式、服务价格等信息。然后填写求借单发送出借书请求。出借图书馆则通过适当的方式，或传真，或邮递将文献送至求借图书馆。

### （二）OCLC 检索服务

OCLC 检索服务是世界上同类服务中第一个“以最终用户为本”的设计原则的联机参考服务，通过无缝连接中文、英文、日文、法文、西班牙文五种语言服务。基本检索、高级检索和专家检索三种不同的检索界面和方式，为不同用户提供了十分友好的服务。

### （三）网上联合参考咨询服务

网上联合参考咨询服务（Question Point，QP）是由 OCLC 和美国国会图书馆联合开发的世界上唯一的全球网上联合虚拟参考咨询服务。该服务分为三级：全球（世界范围馆际间）、区域（集团馆际间）、本地。QP 将不同类型图书馆的优势、互联网络、图书馆员结合起来，本地服务通过电子邮件咨询和实时问答两种方式，如咨询馆员无法解答，可通过QP 的区域协作网将问题转交给合作图书馆，也可将问题提交于 QP 的全球网络，超越了时间和地域的限制。

### （四）网上图书馆

网上图书馆成立于 1999 年，是 OCLC 的一个分支机构，通过互联网提供电子图书服务。它主题广泛，内容新颖，主要面向大学程度文化水平的读者，也有少部分是面向中学图书馆的普通题材。网上图书馆向用户提供两种检索方法检索电子图书，读者可通过联机浏览和借阅两种方式进行阅读。电子图书采用一本书在一个时间只供一个读者阅读的操作方式，为图书馆避免重复收藏、联合采购提供了条件。

## 二、学术情报中心

学术情报中心已经覆盖日本所有的大学，资源共享涵盖了学术信息网络、联机编目与联合书目数据库、馆际互借、数据库、信息检索、电子图书馆、国际交流与教育培训等领域。NACSIS 提供服务如下：

### （一）联合书目数据库服务

联合书目数据库服务包括目录系统和馆际互借系统。目录系统（NACSIS-CAT）是全国大学图书馆书刊馆藏联合目录数据库系统，可以提供日文、西文图书联合目录，日文、西文期刊联合目录等四个数据库的服务。读者可通过该系统查询日本国内文献收藏情况。从 1997 年开始，NACSIS 通过互联网的万维网方式提供书目信息服务。

馆际互借（NACSIS-ILL），则是充分利用目录系统中建立的联合目录数据库开展业务，迅速、准确地向研究者提供文献。

### （二）信息检索服务

信息检索服务系统（NACSIS-IR）积累了人文、社会科学、自然科学诸领域的 50 多种数据库、9000 万条以上的学术信息。NACSIS 的数据库包括自建的数据库、从数据库公司引进的数据库和机关、研究者等建成的各种专题数据库。提供网上检索服务，迅速、准确地为研究者提供学术研究信息。

### （三）学术信息网络

为了促进日本全国的大学、研究机构学术信息的交流，NACSIS 建设了学术信息网络

（SINET），连接各个研究者终端的学术研究专用信息通信网，使各学校校园网相互联通。

### （四）电子图书馆服务

电子图书馆服务 NACSIS-ELS 是将学术杂志的论文直接电子化，和书目信息同时检索的信息服务，具有二次文献数据库的检索功能和文献页的显示功能，杂志的封面和论文页均可直接显示，用户可将标题、作者作为检索点进行检索，可从杂志封面、目录查找文章，下载并打印。

### （五）国际交流与研究开发

NACSIS 与英国收藏日本语资料的主要研究图书馆合作，双方可相互检索彼此的书目信息。与英国图书馆文献提供中心的馆际互借系统连通，可向英国图书馆直接申请文献复印和网上借阅。NACSIS 还向海外提供信息检索服务，现在，美国、英国、法国、德国、澳大利亚和韩国的大学、图书馆都能利用这一服务。

### （六）研究开发

学术信息机构的目的是连接全国大学的图书馆和其他信息机构，共享所藏的信息资源，并为这些机构的研究者之间交换学术信息提供网络服务。因此，其研究任务也包括信息处理、传递软件、硬件及应用方面的研究开发，开发研究都与系统建设相关，重视前瞻性和应用性。

## 三、欧洲数字图书馆

2005 年 7 月，法国政府成立“欧洲数字图书馆”（Europeana）筹建协调委员会，研究法国历史文化财产的数字化计划，并通过欧洲委员会协调整个欧洲的数字图书馆的建设工作；10 月，欧洲委员会发表宣言将进行欧洲“历史和文化遗产”数字化战略，旨在数字化并保存欧洲遗产记录，包括图书、电影、片段、照片、手稿、讲演和音乐，使之便于网上获取。

欧洲数字图书馆是欧盟大力推广的重要文化项目之一。2008 年 11 月在比利时首都布鲁塞尔正式开馆，目前，拥有大约 300 万件数字藏品，包括书籍、音乐、电影、报纸、相片、博物馆藏品等，这些内容大多来自欧洲各国的一流博物馆、图书馆、档案馆和音像资料馆，其中，包括法国卢浮宫、荷兰阿姆斯特丹皇家博物馆等。如卢浮宫对其收藏的油画等文化藏品进行了数字化处理，并将相关数字化资料贡献给 Europeana。网站目前可以提供英语、德语、法语等 20 多种语言的服务。网站内容没有版权，所有个人或者机构可以直接在 Europeana 网站上免费使用这些文化财富。

## 四、数字图书馆推广工程

2011 年，文化和旅游部、财政部共同推出“数字图书馆推广工程”（Digital Library Promotion Project），这是继我国文化信息资源共享工程、公共电子阅览室建设计划后，启动的又一个重要的数字文化建设工程。

数字图书馆推广工程的建设目标是以国家数字图书馆为中心，以各级数字图书馆为节点，覆盖全国公共图书馆的数字图书馆虚拟网，支持全国各地区数字图书馆间互联互通、共建共享；建设分级分布式数字图书馆资源库群，建设分级分布式数字资源库群，实现数字资源建设、保存、服务的统一规划；建设多层次、多样化、专业化、个性化的数字图书馆服务平台，对数字资源进行有效的组织、整合、知识挖掘，实现元数据集中与统一检索，依托互联网、移动通信网、广电网，建立满足不同需求的数字图书馆服务平台，通过新技术应用，提供基于移动通信网的移动数字图书馆服务、基于广播电视网的数字电视服务。数字图书馆推广工程海量资源库群的建设成果将广泛应用于全国文化信息资源共享工程、公共电子阅览室建设等国家重点文化建设项目中，为各项文化工程提供优质数字资源服务。

## 五、国家科技图书文献中心

国家科技图书文献中心（National Science and Technolo-gy Library，NSTL）是经国务院批示于 2000 年 6 月 12 日组建的一个虚拟的科技文献信息服务机构，成员单位包括中国科学院文献情报中心、工程技术图书馆（中国科学技术信息研究所、机械工业信息研究院、冶金工业信息标准研究院、中国化工信息中心）、中国农业科学院图书馆、中国医学科学院图书馆。

根据国家科技发展需要，中心按照“统一采购、规范加工、联合上网、资源共享”的原则，采集、收藏和开发理、工、农、医各学科领域的科技文献资源，面向全国开展科技文献信息服务。其主要任务是：统筹协调，较完整地收藏国内外科技文献信息资源制订数据加工标准、规范，建立科技文献数据库；利用现代网络技术，提供多层次服务，推进科技文献信息资源的共建共享；组织科技文献信息资源的深度开发和数字化应用，开展国内外合作与交流。目前，NSTL 提供了文献检索、期刊浏览、全文文献、引文检索、代查代借、参考咨询等服务项目。NSTL 包括西文、俄文、日文、中文期刊论文（会议文献、学位论文、科技报告）库、中外文专利文献库、中外文标准计量规程库，以文摘方式报道近万种外文期刊及其他类型文献，全球网络注册用户可免费搜索，并随时向系统提出全文传递请求。

## 六、中国高等教育文献保障系统

中国高等教育文献保障系统（China Academic Library&Information System，CALIS）是经国务院批准的高等教育“211 工程”“九五”“十五”总体规划中三个公共服务体系之一，1991 年 1 月由我国高校系统正式启动。

CALIS 下设了文理、工程、农学、医学 4 个全国文献信息服务中心、7 个地区信息中心和一个东北地区国防信息中心。CALIS 的主要建设内容和任务是通过文献信息服务网和文献信息资源及数字化建设，初步实现系统的公共检索、馆际互借、文献传递、协调采购、联机合作编目等功能，推进我国高等教育资源的合理优化配置，实现信息资源共建、共知、共享的目标，深化资源的有效开发和利用，提高高等学校教育和科研的文献保障水平。

CALIS 的共享服务如下：

第一，CALIS 联合目录数据库建设。始建于 1997 年，以联合目录数据库为基础，以高校图书馆为服务对象，开展联机合作编目、编目数据批量提供、编目咨询与系统培训等业务，大大提高了成员馆书目数据库建设的质量和效率。到 2008 年 6 月已经积累了 235 余万条书目记录，涵盖印刷型图书和连续出版物、电子期刊和古籍等多种文献类型。CALIS 联合目录以实时性强、数据质量高享誉业界。

第二，统一检索系统。“CALIS 统一检索”平台提供了基于异构系统的跨库检索服务，集成了 130 多个国内外异构资源数据库，用户可按学科、数据库、文种同时检索 20 个数据库平台上的多种资源，输入一个检索式，便可看到多个数据库的查询结果，并可进一步得到详细记录和下载全文。与此同时，读者也可选择单个数据库，针对某种具体资源进行个性化检索。此外，“CALIS 统一检索”还实现了统一用户管理、馆际互借等应用系统的无缝集成，使用户方便地访问国内外数字资源。

第三，数字资源联合采购。数字资源联合采购，也就是集团采购。从 1999 年开始建设以来，CALIS 采用了联合采购的模式，引进和共建了一系列国内外文献数据库，为各成员馆节约了大量的经费，提高了成员馆的文献水平。

第四，馆际互借与文献传递。为了更好地在高校开展馆际互借与文献传递，CALIS 中心联合全国 46 所高校图书馆，建立了“馆际互借/文献传递服务系统”，这是 CALIS 公共服务软件系统的重要组成部分。目前，该系统已经实现了与 OPAC 系统、CCC 西文期刊篇名目次数据库综合服务系统、CALIS 统一检索系统、CALIS 文科外刊检索系统、CALIS 资源调度系统的集成，读者可直接通过网上提交馆际互借与文献传递申请，并且可以实时查询申请处理情况。

## 七、大学数字图书馆国际合作计划

大学数字图书馆国际合作计划项目建设的目标是构建拥有多学科、多类型、多语种海量数字资源，由国内外图书馆、学术组织、学科专业人员广泛参与建设和服务，具有高技术水平的学术数字图书馆，成为国家创新体系信息基础设施之一。项目由国家投资建设，作为教育部“211”重点工程，由浙江大学联合国内外的高等院校、科研机构共同承担。

项目一期建设由浙江大学和中国科学院研究生院牵头，北京大学、清华大学、复旦大学、南京大学等多个高校参与建设。CADAL 项目建设的数字图书馆，提供一站式的个性化知识服务，将包含理、工、农、医、人文、社科等多种学科的科学技术与文化艺术，包括书画、建筑工程、篆刻、戏剧、工艺品等在内的多种类型媒体资源进行数字化整合，通过因特网向参与建设的高等院校、学术机构提供教学科研支撑，并与世界人民共享中国学术资源，宣传中国的文明与历史。

## 八、中国高校人文社会科学文献中心

中国高校人文社会科学文献中心（China Academic Humanities and Social Sciences Library，CASHL）2004 年 3 月，根据全国高校人文社会科学的发展和文献资源建设的需要，教育部设立了中国高校人文社会科学文献中心（CASHL），其宗旨是集若干所具有学科优势、文献资源优势和服务条件优势的高等学校图书馆，有计划、有系统地引进和收藏国外人文社会科学文献资源，借助现代化的网络服务体系，为全国高校、哲学社会科学研究机构和工作者提供综合性文献信息服务。

CASHL 资源和服务体系由两个全国中心、五个区域中心和十个学科中心构成，其职责是收藏资源、提供服务。CASHL 的全国中心设在北京大学和复旦大学，区域中心设在武汉大学、吉林大学、中山大学、南京大学、四川大学，学科中心设在北京师范大学、东北师范大学、华东师范大学、兰州大学、南开大学、山东大学、清华大学、厦门大学、浙江大学、中国人民大学。

## 九、广东省信息资源共享工程

1995 年，由广东省科技厅牵头，联络全省大多数科研机构建立了广东科技信息网，随后又联合广东省立中山图书馆，整合了中山图书馆数字资源、金科网中文数据库资源和省科技图书馆电子图书，建立了广东省网上科技文献馆。2001 年，广东省科技情报所组织联合省内多家单位，共同建立了广东省科技文献联合馆藏共享及提供系统。

2009 年“珠江三角洲数字图书馆联盟联合目录平台”开通使用，这是我国公共、教育、科技系统图书馆共同建立的首个跨系统文献资源共享平台，实现了系统内联合馆藏目录、联合参考咨询与文献传递网无缝链接，可提供 416 万种中外文图书、9953 万篇中外文期刊、668 万篇硕博士论文等丰富信息资源。此外，“广东地方文献资源共建共享平台”“中国图书馆联合参考咨询联盟”两个项目也在实施中。

## 十、天津高校图书馆文献资源共享体系

这是国内最成功的区域性文献资源共享体系。天津市投资了建设项目“数字化图书馆建设”，于 2001 年启动。天津市的高校图书馆全部以成员馆身份参加该项目。天津高校图书馆文献资源共享体系由天津高等教育文献信息中心进行管理，同时，也是 CALIS 天津市文献信息服务中心。其共享体系在以下两个方面具有突出特色：

第一，联合自动化集成管理系统平台的建设。共享体系统一采用 Unicorn 系统软件平台，共享一个系统平台、一个服务器、一个中央数据库。多个图书馆在一个系统平台上共同使用一套具有国际先进水平的自动化系统，大大减少了软硬件方面的开支，减少了重复劳动，将成员馆的现代化管理水平拉近到同一层次，为共享体系构建了良好的基础平台。

第二，中文版本图书馆的建设与管理。为了补充天津市各高校图书馆馆藏书品种的不足，促进高校乃至更大范围的文献资源共享，2005 年开始建设版本图书馆，成为天津市文献资源共享体系的重要基础设施。

## 十一、重庆大学城资源共享平台

重庆大学城资源共享网络平台于 2008 年 11 月正式启动，由重庆市教委信息与装备中心负责，惠普公司承建，以身份认证数据库、知识数据库、基础设施资源数据库为基础，构建七大系统：教学资源共享系统、科研资源共享系统、生活设施共享系统、网上图书馆、就业信息共享系统、网上社区系统和大学城门户系统。网上图书馆作为重要的资源系统，在项目建设过程中，扩展到整个重庆市高校范围。

2010 年 4 月，重庆大学城资源共享平台——网上图书馆项目通过了重庆市政府组织的专家组项目验收并正式运行。重庆大学城网上图书馆以“馆际互借，资源共享”为核心，是基于馆员和读者的新一代图书管理平台。网上图书馆实现了馆际互借，通过大学城“一

卡通”借书证，实现区域内网上预约、通借通还、送书到馆等服务；可以进行文献传递，通过传真、邮寄、E-mail 等方式实现对纸质和数字资源的传递服务；开展了联合参考咨询。由各馆推荐组成区域性联合咨询馆员，面向区域内读者提供联合参考咨询服务。

# 第六章 现代图书馆联盟建设与资源共享实践

图书馆作为文化产业中不可或缺的一部分，图书馆间的相互合作发展顺应时代潮流，开展信息资源的共建共享活动，满足人们对信息多样化的需求，为社会创造效益，是我们坚持文化自信的重要方面。因此图书馆联盟建设进一步整合资源，提升资源共享范围，保障资源共享的质量。为此，本章对图书馆联盟及其组织形式、图书馆联盟建设的内容体系、基于区域图书馆联盟的资源共享服务、高校图书馆跨领域合作联盟与发展研究、医学图书馆联盟共享体系建设与成效研究进行探讨。

## 第一节　图书馆联盟及其组织形式

“图书馆联盟的发展从 20 世纪 90 年代开始成为图书馆界研究的热门话题，经过多年的发展现已发展为各省公共图书馆、高校图书馆、科学技术研究所及社会其他机构多层级、跨系统的联盟组织。”① 图书馆联盟作为一种描述资源共享、利益互惠的组织形式的专有名词，为越来越多的图书馆学专家所关注、承认和使用。图书馆联盟是图书馆自动化网络的发展与延伸，强调的是网络环境下的资源共享，突破了传统图书馆网络的范畴，把图书馆视为信息系统中的重要环节，将图书馆与其他信息处理部门连接起来，共同完成对信息的处理与服务工作。

图书馆联盟可能有具体的组织实体，也可能没有实际的组织机构。“图书馆联盟”一词准确地捕捉到了未来图书馆发展的主要特征，即通过资源共享、互助合作的方式满足日益激增的用户需求。另外，图书馆联盟强调的是互助合作，这既可以理解为馆际合作，也可以理解为传统图书馆与数字图书馆、虚拟图书馆，纸型资源与电子资源的互补共存、相

① 潘星. 智慧图书馆联盟建设策略研究［D］. 扬州：扬州大学，2021：1.

得益彰。因此，“图书馆联盟”一词更符合目前图书馆发展的现状，更具有兼容并包、求同存异的特性。

图书馆联盟是多家图书馆之间的合作关系，这种合作是建立在协议或合同基础上的，是受制约的交流型合作，是馆际合作，是传统图书馆与数字图书馆及纸型资源与电子资源的互补共存。

## 一、图书馆联盟的发展原因、意义及任务

### （一）图书馆联盟的发展原因

图书馆联盟是当今图书馆在现代社会中的生存模式，也是全世界图书馆界讨论的热点话题之一。20 世纪 90 年代图书馆联盟的进一步发展，主要有以下几个方面的原因：

#### 1. 文献信息资源的共建共享是联盟形成的最初动机

文献信息资源共建共享的基本理念是图书馆联盟形成的最初动因，是解决网络环境下资源共建共享、推进国家信息化的必然要求，也是图书馆事业发展的时代要求。

随着社会信息浪潮在世界范围内的兴起，读者对文献信息的需求更为广泛，对图书馆提出了更高的要求，图书馆的有限收藏能力与读者的无限需求之间的矛盾越来越突出。在这种情况下，图书馆资源共建共享的理念与做法应运而生。资源共享意味着每一家图书馆不必购买所有的文献资源，在合作、共享的大框架里，图书馆原来的仓储积累、备用资源的基本结构，可转变为选择积累、目标资源的运作模式。真正意义上的资源共享就是要打破条块分割，联合拓展到各种图书情报机构之间，以及其他信息生产、信息传递、信息服务的部门的合作，达到信息资源共享、人才资源共享、智能成果共享、设备资源共享、平台共享和互惠互利。可以说，图书馆联盟是实现资源共享的最实际、最有效的组织形式，也是对国家倡导的节约型社会的响应。

#### 2. 共同的经济利益是图书馆联盟产生的动力机制

共同的经济利益是图书馆联盟由理论走向实践的关键因素。在图书馆联盟中，每家图书馆都是独立的利益实体，只有在共同的经济利益的驱动下，利用经济利益的杠杆才能使不同的图书馆个体联合在一起，并有效地协同合作。不管图书馆联盟的业务组织形式如何，它的经济意义要比管理联盟的成本大得多，如有些资料不必每个馆都购买，馆际间可以共享这些资料；由联合体统一购买图书馆自动化系统可大大降低经费的支出，且效果明显；成员馆购书形式的合力使得购书成本大大降低；合理购买数据库的费用由各成员馆

分摊。

信息检索协议通过一定的数据结构与交换规则，能使两个互联的基于不同平台的异构的信息系统之间相互检索，用户可从任何一个成员馆所设终端出发，查找某一文献是否入藏，藏于何馆，并得到详尽的文献线索乃至全文。可实现异构平台系统访问，异构系统之间可实现信息检索和传输，有利于图书馆之间的联机公共检索（OPAC）系统、联合编目、馆际互借等业务实现。例如，天津市高校图书馆集成管理系统选用美国 SIRSL 公司的 UNICORN 系统，该系统设计思想领先，支持联合图书馆模式，只需要一组设备、一套软件。利用这套系统进行网上联合编目，共建一个数据库，杜绝了数据冗余，避免了重复劳动；进行管理，有利于图书馆业务的研究，标准、规范的建立及完善，可以整体提升各图书馆的管理水平；多馆同处一个平台，馆际互借变成了系统内异地借还，大大提升了服务集成化，节约了大量人力、物力；只用一套软件，可使系统维护员的人数大量减少，解决了各馆缺乏此类人员的问题。因此，图书馆联盟对用户、对资源提供商、对图书馆都是有利的。对用户而言，它极大地扩展了可利用资源的范围，提高了文献检索的效率，节省了开支；对资源提供商而言，扩大了市场；对图书馆而言，增强了实力和话语权，找到了生存发展之道。

#### 3. 满足读者的信息需求是图书馆联盟产生的最终目标

传统图书馆的服务项目不能满足网络环境下读者的需求变化，在信息化日新月异的今天，图书馆面临的信息环境发生了很大的变化，读者的信息需求也发生了很大的变化，由以传统的印刷型载体为主的信息需求转向包括视频信息（包括静态的信息，如文本信息、图像信息；动态信息，如动画、电视、电影、交互式媒体）、音频信息（包括声音、音乐等）和超视声频信息（包括超声频、视频信息）等多元化的信息需求。

在新的信息环境中，任何一家图书馆都不可能利用自己的收藏完全满足读者的需要。而图书馆联盟打破了地区乃至国家间的地理限制，通过虚拟收藏、联合共建来满足读者的需要。图书馆联盟将分散的文献经过有序组织后，利用现代技术改变传统的服务项目，增加新的内容，通过跨库检索、深度链接等方式提供一个海量信息通道，以网络为依托，建立网络实时参考服务通道，用户可以通过“实时问答”“电子邮件提问”“网上传递”“常见问题库”等形式实时、灵活地得到高效的文献信息服务，大大节约了时间。

### （二）图书馆联盟发展的意义

#### 1. 社会意义

图书馆联盟有利于克服图书馆管理体制的障碍。在国家政策的支持下，图书馆联盟主要依靠自己的协商、决策机制发挥作用，一方面，避免了行政干预的弊端，减少了行政命令对图书馆业务活动的干扰；另一方面，成员馆出于自身利益的考虑，积极性被调动起来。在网络环境下，各种信息提供商、内容服务商纷纷涌现，与图书馆形成了竞争的关系。现在的图书馆联盟是一个系统联盟，其成员类型更为多元化，包括出版、发行、商业性信息服务机构、数据库生产商、信息服务系统集成商等，它们同样存在着自身竞争能力不足的问题，在信息产生、传播、利用、保护的链条上与图书馆分处不同的环节，因此，组成联盟对各自利益的实现极为有利。图书馆联盟通过协商实行分工，共同配置好各类文献和各种载体形式的文献，形成一个有效的文献保障体系。

在此前提下，各成员馆可根据各自的任务和用户需求自主地收藏有关文献，提高社会化程度，达到真正意义上的资源共享。严格地说，这两者是统一的、互补的，但合作的目的是发挥集体力量，产生整体效应，因此，图书馆联盟的整体利益是大局。在一个联盟内，必然重复是允许存在的，尤其各馆的核心文献、常用文献，最好是各馆自己收藏，对于那些对整个文献保障体系有利而各馆还未收藏的文献，要在充分协商的基础上进行分工收藏，这样才能提高整体社会效益。

2. 经济意义

图书馆联盟的产生就是为了节省运营成本，提高运营效益。为了达到此目的，同一地区、不同类型的图书馆或同一系统、不同地区的图书馆或不同地区、不同类型的图书馆自愿结成联盟。不管结盟的图书馆地缘、类型、系统的异同，结盟一定是有助于降低结盟单位的运营成本，提高运营效益，其经济意义具体体现在如下几方面：

资源共享是构建图书馆联盟的最初理念和目标，这意味着每家图书馆不必走“大而全”“小而全”的发展模式，某些资料可以共享而不必每个馆都要购买；联合体购买图书馆自动化系统花钱不多，但效果明显。在美国，这意味着公立和私立大学正在彼此合作与共享。这些大学在许多方面一直是竞争对手，但它们的图书馆则结成合作的联盟关系，从而谋求更大的利益；成员馆购书形成的合力使得购书成本大大降低；一些联合体正是在这个基础上发展起来的，成为成员馆的“购书俱乐部”；在各种重要领域进行的团队培训常常更为经济有效，联合体成员能够聘请报告人和其他专家，并分担费用；有些联合体并没有正式的管理机构，而是依赖成员关系提供业务服务；大型联合体的工作人员，某些情况下是某一领域的专家，向成员馆的员工提供专业性的培训和咨询；一些图书馆还能够共享员工，为员工提供一种学术交流的环境，使其有机会与其他馆的同行进行深层次的合作，共同学习与提高。员工可以得到新的知识、新的管理理念、新的信息技术，并且不断地交流各自的知识，使得群体的智力保持持续发展的态势，从而产生强大、持久的创造力。许多图书馆正是在联盟创造的和谐、创新的环境中，使自身的创新能力得到迅速增强，服务质量和服务水平不断提高，服务内容不断翻新。

3. **实践意义**

（1）提高满足用户需求的能力。图书馆联盟可以使各成员馆的特色更加充分地体现出来，使原本分散的或闲置的资源得到合理利用。图书馆的文献是为读者服务的，读者的需要是文献收藏的主要依据。在信息化的今天，用户对信息的需求超越地区乃至国家的限制转向对全球信息的需求。图书馆联盟的建立打破了地理上的限制，通过将各馆现有信息资源共知，然后通过诸如馆际互借、原文复制、网上文献传递等方式达到共享，使所有成员馆的信息资源为各馆信息用户所利用，有利于满足用户的信息需求。通过图书馆联盟的管理手段和技术保障，可提升用户的权限，借阅活动由馆员主导变为用户主导，用户自我服务能力增强。多数据库跨库检索和深度链接的服务方式，大大节省了用户的时间。

（2）提高文献传递的速度与广度。以网络为依托，采取电子邮件、电子文献快递、传真等方式可提供文摘、全文的传递，灵活、适时地满足读者需求，使文献资源得到最大限度的利用。

（3）提高图书馆的工作效率和质量。通过一定的机构协调或协约支持，可实现项目的系统规划和协调管理，有利于集中力量进行图书馆业务的研究和标准、规范的建立与完善，提高工作效率；有利于图书馆有效地使用经费，节约大量的人力和物力；有利于图书馆服务集成化程度的增强，使成员馆的服务重心从以文献处理为中心逐渐过渡到以读者服务为中心。与此同时，在图书馆联盟并行化的工作体系中，任何一家图书馆都可以通过高效率的途径和方式调查、研究用户的信息需求，并通过“共同诊断”机制共商满足用户需求的办法和措施，使读者的信息需求在一家图书馆得不到满足时，可以通过联盟内其他图书馆的帮助得到满足，这就是图书馆联盟在信息服务中起到提高图书馆的工作效率和质量的功效。

（4）有利于发挥图书馆的协同效应。图书馆联盟是建立在资源的优化组合与科学配置基础之上的合作形式，它借助资源的合理流动，在一定的目标下使图书馆之间的资源差异得到互补，获得质和量的放大效应。每家成员馆都是联盟中的重要节点，可以有效得到其他节点上图书馆的支援，其产生的效应大大超过单家图书馆的作用，在取得局部优势的基础上获得全局优势，从而产生强大的资源优势和竞争优势。

## （三）图书馆联盟的任务

现代技术的发展不仅极大地改变了传统服务的过程和方式，而且还增加了新的内容，具体有以下几点：

第一，继承图书馆联盟的传统服务项目，迎合图书馆发展的规律性，满足读者的特殊需求，充分利用现代高科技技术，增加了许多不同于以往任何图书馆联盟的新内容。例如，电子出版物和网络数据库的产生和发展改变了文献检索和获取的方式，过去的传递服务在今天以更加快捷和多样化的形式实现。现在不仅有各种各样的快递服务，而且还实现了网上传递和网上共享。电子邮件的广泛应用，大大地提高了馆际合作的效率，极大地方便了参考咨询服务的协作，扩展了参考咨询的方式。

第二，制定各成员馆发展的统一规范标准，依据具有一定规范性、约束性的共同认可的协议和合同，使所有成员馆获得一定的经济利益和社会效益，并共同承担可能遇到的风险。标准和协议的范围包括计算机网络的设计和设备的选用，图书馆管理系统软件、检索软件的引进和开发，书目数据和全文数据库的建库标准等，以便实现远程检索和借阅，实现更加广阔的时间和空间意义上的资源共享。

第三，加快自动化、网络化、数字化建设工作。图书馆自动化、网络化、数字化建设是图书馆联盟建设的前提，各馆根据所处不同的发展阶段，开展以下工作：①业务工作的自动化，即图书馆采购、编目、流通、管理的自动化；②图书馆服务工作的自动化，读者可以使用计算机检索馆藏目录，搜索图书馆文献和信息；③图书馆网络条件下的信息服务工作，开设电子阅览室，读者可以在互联网上查找信息。第四阶段是网络环境下数字化文献信息资源体系的建立，根据现实情况和社会需求，建立有特色的数字化信息库供用户使用。在各成员馆推进自动化、网络化、数字化建设的过程中，联盟凭借高效的组织机构和专业的专家组成员，负责组织和分配建设任务，以便成员馆集体进行或各自进行联盟所确定的工作任务，检查、监督成员馆数字图书馆项目进展情况，协调解决项目建设中出现的问题和困难，促进自动化服务方面的协作，如协调系统操作和系统维护，做好数字化文献的组织、加工、发布、传送、服务、利用等工作。

第四，筹集项目需要的资金和物质，确保联盟工作的有效开展。没有资金，图书馆的任何工作都无法开展，图书馆联盟的建设更是如此。所以要多方筹集资金，以解决经费不足的困难。筹集资金的渠道主要是政府拨款、社会各界捐赠和图书馆创收，其中，政府拨款是资金的主要来源渠道。联盟以联盟项目的名义寻求资金和物质赞助，寻求社会各界的理解和帮助，以利于发展和扩大联盟的服务项目，确保联盟工作的有效开展。

第五，成员馆文献资源建设任务的分工。规划和分工各成员馆的文献信息资源建设，对成员馆原有文献资源进行有计划地合理调配，重新整合成员馆的文献信息资源，突出各成员馆馆藏文献信息资源的基本特色，建立比较完整的公共文献信息保障体系，避免文献信息资源的重复浪费。集体进行或各自进行联盟所确定的工作任务，重点做好数字化文献的组织、加工、发布、传送、服务、利用等工作。同时，通过费用分摊增强联盟文献购买力，特别是国外大型数据库的购买力，共同拥有电子数据的使用权；通过联盟的影响力和成员馆的凝聚力，给资源供应商施加压力，最终降低电子资源的价格。

第六，组织人员的技术和技能培训，加快人才的培养和引进，做好自动化服务方面的协作工作。人力资源是图书馆联盟保持活力和高效率运作所必须具备的要素之一。图书馆联盟的建设需要一批掌握高新技术的新型图书情报人员，因此，必须加快对人才的培养和引进工作。图书馆联盟内的人才培训更能发挥出其杠杆效应的作用，以建设较好的馆带动仍需改进工作的馆，以若干业务骨干带动全馆全面发展，最终实现图书馆联盟的整体提升，使人才培训达到事半功倍的效果。具体措施是：组织本馆人员到现代化建设先进的图书馆参观学习，重点选拔培养一些骨干人才，引进专业人才，特别是计算机和网络方面的专业人才，聘请图书馆现代化建设方面的专家到本馆指导工作。

## 二、图书馆联盟的特征及类型

### （一）图书馆联盟的特征

#### 1. 联盟成员的多元性、整合性和平等性

现代图书馆联盟则是跨地区、跨部门、跨行业、跨学科的重大系统工程，其中，涉及技术、知识产权等各方面的问题，合作伙伴已远远超出了图书馆的范畴，面向社会，注重加强与研究机构、商业机构、政府、教育团体间的联系与合作。这种联合体作为一种强有力的机制，将高校或企业的技术、财力、人力和图书馆丰富的资源相结合，再与用户端的需求相结合。这是信息时代的新联合，因此，图书馆联盟的成员具有多元性的特征。

联盟成员还必须具有高度的整合性。例如，CALIS 管理中心和全国 22 家高校图书馆作为发起单位，共同规划、研究、开发、建设了中国高等教育数字图书馆。联盟成员依据联盟章程享有权利，履行义务，执行联盟决议，积极参加联盟活动。对每家成员馆来讲，这实质上就是一种借势的策略，即以各种方式对本馆以外的资源优势进行整合，通过与其他馆力量的聚合而实现本馆力量的提升，创造出超常的竞争优势。

联盟的成员应是自愿加入联盟的，而不是因外界因素的迫使而加入联盟的。自愿是图书馆联盟保持长久生命力的关键所在。自愿结盟单位互相发出结盟意愿之后，需要结盟的图书馆就要对所有可能的问题进行充分的协商，不管是大型图书馆还是小型图书馆，在联盟体内都应具有平等性。

### 2. 联盟合作内容的广泛性、互补性和兼容性

早期的图书馆联盟主要有编目和联合编目、馆际互借、藏书的分工协调等方面的合作。现代图书馆联盟在发展原有合作功能的基础上，充分利用现代先进技术，将图书馆联盟的合作内容拓展到新的领域。这些领域主要包括：定期组织相关的培训，举办有关技术方面的研讨会，加强馆员之间的业务联系与交流，提高馆员业务素质；合作服务与参考咨询；集团采购电子资源；数字化资源建设；统一技术标准规范；数字图书馆技术研究；等等。

联盟侧重于网络环境中由不同机构创建和维护的分布式信息资源之间的互操作性，通过集成和利用最新计算机技术、通信技术及数字内容，建成超大规模的、可扩展的、可互操作的知识库群。网络为图书馆联盟提供了基础框架，各成员馆利用网络进行信息交流与沟通，达到优势互补、互通有无。

联盟内的各成员馆将各种类型的资源以数字化形式存入各个数字图书馆的节点上，通过跨地域、跨国家的虚拟链接，实现资源共建共享；利用各种先进的信息技术，在遵循一系列标准和规范的基础上，全面、快捷、自由地存取海量的数字化信息资源。联盟中的每个成员馆都必须具备自身的核心竞争优势，并将其核心技术集成起来形成强大的竞争优势，使彼此的图书馆文化能够相互融合，使整个联盟处于先进水平。在这一过程中有可能会有一些成员馆的数据库、硬件平台等不一致的情况，这就要求联盟管理系统的兼容性要强。

### 3. 联盟组织的柔性、规范性和动态性

目前，联盟已经突破了传统图书馆有形的界限，图书馆内部与外部的划分已经不那么明显，各成员馆拥有很大的相对自由度和独立性，它们之间既可以自由组合，也可以自由拆分。联盟组织在运行过程中有时需要对成员馆进行即时的调整，这就要求联盟组织要有高度的柔性，在联盟的运行时也要进行柔性管理，做好管理与沟通、利益与风险分配、联盟组织整合、业务流程重构等工作。

联盟组织也要有严密的管理制度与运行机制，设立固定的专职人员，成员馆一旦违反联盟的规章制度就要受到处罚，直至开除出联盟，这是联盟规范性的体现。

图书馆联盟是图书馆之间基于合作关系的联合，是一种动态重组行为，可根据需要临时组建一些子联盟，以解决实际问题。这就使联盟组织具有了一定的动态性。

## （二）图书馆联盟的类型

图书馆联盟的类型多种多样，没有统一的划分标准，从不同角度来考虑可以将同一联

盟归到不同的类型里面。每种类型的联盟都是在不同的价值、目标以及成员馆的共同需求的前提下建立的。当联盟的成员彼此之间更加协调并制定了相应的合作机制时，联盟可能会从一种类型演变成另一种类型，或者变成多目标共存的混合类型。

1. 按照地理范围划分

（1）地区性图书馆联盟。地区性图书馆联盟中的各个成员馆局限于某一地区之内。我国建立的江苏高等教育文献保障系统、上海市高校虚拟图书馆、上海地区文献资源共享协作网也是典型的地区性图书馆联盟。

（2）全国性图书馆联盟。全国性图书馆联盟中的各个成员馆局限于某一国家之内。如我国的中国高等教育文献保障系统中心就是一个全国性的图书馆联盟，有着严密的三级组织形式，除了挂靠在北京大学图书馆的全国管理中心这一最高领导机构外，下面还设有八个地区中心，每一个地区中心相当于一个次联盟，领导着各地区的高校图书馆。

（3）国际性图书馆联盟。国际性图书馆联盟中的各家成员馆没有地域的限制。如图书馆联机计算机中心就是著名的国际性图书馆联盟。

2. 按照联盟协作方式划分

（1）资源主导型图书馆联盟。资源主导型图书馆联盟是指以信息资源的组织与开发为主要目标的一种图书馆联盟。我国占有一定的资源优势，信息资源的组织与开发是当前我国图书馆联盟建设的重点。

（2）技术主导型图书馆联盟。技术主导型图书馆联盟是指以信息管理与信息服务技术的协同为主要目的的一种图书馆联盟。

（3）服务主导型图书馆联盟。服务主导型图书馆联盟是指以信息服务的开展与信息保障为主要目标，结合各种先进的服务手段（如个性化服务、电子商务等）来进行深层次服务的一种图书馆联盟。

（4）供应链型图书馆联盟。供应链型图书馆联盟是指以信息管理业务的流程重组与分工协作为主要目标的一种图书馆联盟。

（5）多元目标型图书馆联盟。多元目标型图书馆联盟是指在图书馆联盟的建设过程中，以上述几种目标或目标的组合为指导的图书馆联盟。目标的多元性也导致组织的复杂程度相应提高。早期图书馆联盟是以技术为主的联盟，大多数都是兼顾技术、资源和服务三个方面的多元目标型图书馆联盟。

3. 按照联盟关系的紧密程度划分

（1）松散型图书馆联盟。松散型图书馆联盟是指无正式组织、无专职人员管理的联盟，对结盟的图书馆没有明确的权利和义务的规定及规范，联盟基本上处于一种开放状态。因此，松散型图书馆联盟的优点是快速、机动、富有弹性、无须专职人员协调。但也存在一些缺点，如缺乏共同的要求、统一的领导、稳固的资金保障，服务项目少，等等。如 NERL 就是一个松散型图书馆联盟。

（2）紧密型图书馆联盟。紧密型图书馆联盟是指有正式的组织、制度，有固定的工作人员，关系比较稳定的联盟。它与松散型图书馆联盟相反，往往要用协议或合同来严格规范加盟图书馆的行为，如有违反要对其加以处罚，直至开除出联盟组织。紧密型图书馆联盟的优点是固定的组织、统一的领导、稳定的资金，服务项目也相对较多，缺点是缺乏灵活性。

4. 按照联盟的资金来源划分

（1）政府资助型图书馆联盟。政府资助型图书馆联盟是指由政府资助的图书馆联盟，如美国数字化图书馆联盟、中国高等学校数字图书馆联盟（中国高校数字图书馆联盟）等。

（2）社会赞助型图书馆联盟。社会赞助型图书馆联盟是指由一些基金委员会、团体或个人等出资赞助的图书馆联盟。

（3）商业运营型图书馆联盟。商业运营型图书馆联盟主要依靠自身的商业化运营机制筹措资金，以支持联盟的持续发展。

5. 按照联盟的目的划分

（1）战略性图书馆联盟。战略性图书馆联盟是指从长远的目标考虑而结成战略伙伴关系，以提高自身抗风险能力的图书馆联盟。此类联盟中的图书馆较少考虑近期的损益得失，通常是具有一定实力的大型图书馆之间的联盟。

（2）战术性图书馆联盟。战术性图书馆联盟是指由管理优势互补需要或短期共同利益驱动所结成的图书馆联盟，其着眼点集中在服务、技术和产品等方面，是数字图书馆经营管理的一种策略。

此外，还有一些其他的划分方法，如根据解决问题及合作范围可分为主要解决大规模技术处理的大型联盟，主要解决用户服务和日常问题的小型联盟，限于特定学科合作的目标有限的联盟，主要解决馆际互借或参考网络问题的目标有限的联盟等四种类型；按联盟开展的合作项目可分为资源分享、联合目录、电子资源和电子产品集团采购、核心馆藏建设、数字图书馆发展、藏书保护等类型，在此不一一赘述。

## 三、图书馆联盟的影响因素与功能

### （一）图书馆联盟的影响因素

#### 1. 法律及政策保障

法律及政策是图书馆联盟运营的一个重要保障，图书馆联盟中各成员馆之间文献信息资源的共建共享建设，涉及更多需要法律来协调的关系。图书馆联盟在运作过程中，商品数据库的联合购买、自建数据库的共享等合作方式，普遍涉及知识产权问题，如果政策不能给予适当的倾斜，必然造成新的壁垒。所以，必须通过法律或政策的形式给图书馆联盟以正式认同，来提高全社会对图书馆联盟的认识，为图书馆联盟的可持续发展提供保障。

#### 2. 经济发展状况

图书馆联盟的发展与社会经济水平密切相关。图书馆联盟的建设与发展依赖于社会提供的资金和物力保障，社会的经济水平决定了它对图书馆联盟的资金投入量。

图书馆联盟的发展需要大量的资金，经济发展水平在很大程度上决定着人们的教育水平，也决定着每个人的信息需求和信息素质。随着市场经济的发展，市场化的运作模式逐渐渗透到信息服务、文化教育领域。

#### 3. 社会文化发展

社会文化对生活在其中的每个人都有巨大的塑造作用，发展面向现代化、面向世界、面向未来的，民族的科学的大众的社会主义文化，图书馆作为全民的文化娱乐中心、终身学习场所，承担着倡导主流文化，引领大众文化，满足大众文化需求的职能。因此，建设和发展好图书馆联盟，满足人民群众日益增长的文化需求刻不容缓。

#### 4. 技术的发展和应用

随着计算机和网络技术的发展和应用，图书馆从内部工作方式到外部发展环境都发生了改变。当电子信息资源出现并成为图书馆不可或缺的文献资源构成部分时，已有多年历史的图书馆联盟组织又产生出新的功能和任务，即提供低成本的电子信息资源，甚至出现了以此为唯一合作内容的图书馆联盟组织。

在当前网络迅速发展和广泛应用的环境下，图书馆联盟的作用在于为用户提供高质量的网络服务，包括 OPAC 检索、馆际互借等，通过集团购买降低电子资源的成本、有效选择资源。经费限制、信息资源价格持续上涨和计算机、网络技术发展是影响图书馆联盟发展的重要因素。

科学技术与网络的发展，特别是网络技术的应用是图书馆联盟发展的决定力量。计算机技术在图书馆中的广泛应用，为图书馆联盟的发展提供了技术支撑和强大动力。同时，计算机网络技术的发展，使得信息的传递速度加快，资源的可获取性增强。单家图书馆由于资源的局限性，必须学会自如地应对环境的变化，借助外部资源来增强自身的优势已变得极为迫切，与之相适应的合作也变得越来越重要，联盟的战略也因此有了创新性的发展。

图书馆联盟是代表图书馆来和电子资源提供商谈判，并提出电子资源共建共享的标准和政策，调整组团的规模，通过规模经济来降低活动成本。在电子资源迅速发展且价格昂贵的今天，可以说没有任何一家图书馆有能力和资金去购买所有的资源来满足读者，而21世纪又是一个信息多元化的时代，图书馆既要承担起教学、科研、终身学习场所和国家经济发展的重任，又要在竞争中求得持续发展，走图书馆联盟之路势在必行，也只有这样，才能有效地增强自身的竞争力。

## （二）图书馆联盟的功能

近几年，许多单位对文献资源建设的投入有较大幅度增加，通过建立文献保障体系，将图书馆的馆藏资源连成一个整体，实现共建、共知、共享，让更多的人都能利用这些资源、产生更大的效益是图书馆联盟建设的宗旨。根据图书馆联盟的实际现状，其功能主要有如下几个：

### 1. 联合编目与联合目录

联合目录是图书馆联盟的基础，有两种形式：集中式联合目录和分布式联合目录。集中式联合目录采用中心书目数据库，所有的记录都通过共同的软件处理，具有较强的一致性，能对书目数据进行管理与监控，具有高品质的数据质量。

成员馆利用网络进行联机编目，即任一授权成员馆对入馆新书（刊）编目上载以后，其他馆就可从网上查询并下载，共享编目成果，并通过建立规范文档进行规范控制。以特大型图书馆的书目数据、特色藏书数据为基础，建立联机编目系统和馆际互借系统，可避免书目数据的重复建设，提高编目工作效率和书目数据质量，制定统一的联合目录。对于本馆没有的文献，在本馆用户需要时，根据联盟统一的制度、协议和办法，从其他成员馆借入；反之，在其他成员馆用户提出互借请求时，借出本馆所拥有的文献，满足其他成员馆用户的文献需求，实现书目资源的共享。

总的来说，通过联合目录，用户可以从图书馆联盟的任何一个成员馆所设终端出发，查找某一文献网内是否入藏，藏于馆内，为馆际互借提供数据支持；通过成员馆共同参与建设和共同享用编目数据，可以使分散的信息资源达到最大限度的整合，在此基础上，还可以开展多种资源的共享。通过联合编目，共建共享，将大大加快书目数据库建设的速度，节省人力和时间，提高数据库建设的标准化和规范化程度，从而推进各馆的自动化进程。

### 2. 公共检索

联盟内的公共检索以其检索速度快、途径多、范围广、效果好和反馈信息及时的优点，向用户提供各成员馆机读馆藏信息资源和网络信息资源，方便用户检索和利用文献信息资源。其主要功能有信息检索服务与辅助性服务。信息检索服务功能主要供用户使用，可以从 ISBN 号、分类号、书名、作者名、主题词、出版社等途径进行查询检索，而且每个检索点都提供精确或模糊的检索方式，只要知道文献的一点线索便可人手检索。通过网络不仅可以查自己馆的文献信息，而且可以查联盟内其他成员馆的文献信息；不仅可以单项检索，而且可以在分类号和主题词之间进行逻辑和、逻辑与、逻辑非的组配检索，查准率和查全率相当高。辅助性服务功能可供用户查询自己的借阅情况，如借书册数、是否超期、预约情况等。成员馆可以迅速解答依靠人工难以回答的各种咨询。

### 3. 馆际互借与文献传递

在网络环境下，用户的信息需求发生了很大的变化。他们希望通过网络的便捷方式，不仅能及时获得文献的线索，更希望足不出户获取文献的全文。所以，在建立文献资源文摘库、提供文献线索的同时，更重要的是以用户需求为导向，利用现代的计算机技术和网络设施，按照整体化、现代化、资源共享的原则建设好基于网络的全文传递的服务系统。随着计算机技术和网络技术的迅猛发展，图书馆的现代化水平不断提高，为图书馆开展馆际互借和文献传递服务、实现资源共享提供了强有力的技术支持。信息时代的图书馆联盟正以前所未有的方式进行馆际互借和文献传递，信息的传递逐步迈向自动化、电子化和网络化。传统的馆际互借方式是由各馆派专人或读者在协议馆之间进行书刊资料借还或通过邮件传递等方式。受新技术的影响，现在的文献传递手段更加丰富，如传真、电子邮件、FTP 等文献传递形式，这也使得电子文献传递服务成为今后发展的方向。将文献以电子方式传递给用户使用，大大提高了文献传递的工作效率。目前，CALIS、国家科技图书文献中心等联盟都开发出各自的馆际互借系统，各成员馆纷纷添置了许多高档设备，促进了电子文献传递在我国的发展。

同时，通过联合目录和借助一定的协议，实现了检索过程的馆际互借，这也是传统馆际互借服务在网络环境下的延伸和拓展，成为图书馆资源共享的主要形式之一。

### 4. 协调采购

协调采购是图书馆联盟实现文献信息资源共建与共享的一个最大手段。目前，不论是印刷版文献资源还是各种各样的数据库资源，仅靠一个馆的能力基本做不到全面收藏。联盟内各成员馆进行协调采购的最大好处有如下几点：

（1）通过协调各成员馆的文献信息收藏能力，使文献资源的布局与经费使用更趋合理，提高文献资源的整体满足率。采取依托重点、发挥优势、分工协调的原则，纸质文献主要依靠各学校馆自建，联盟对高价文献适当加以协调；电子文献则主要由专项经费引导、联盟联合采购，并建立若干个数字资源存储和服务中心，有选择地存储重要的国内外文献资源数据库。

（2）可以节省每家图书馆分别与资源提供商讨价还价的精力和时间。一般要购买一个数据库，从与国外资源提供商接触到开始谈判，短则一年，长则需要两三年，既费时间又费精力。但如果是由联盟来购买，只需联盟内的某个成员馆和国外资源提供商进行谈判，然后再征求其他成员馆的意见，不必每个成员馆都参与到谈判中。

（3）增强对电子资源的客观公正的评价，降低经济风险。通过联盟的力量，可以获得良好的售后服务和技术支持。

（4）以联盟名义与文献信息出版发行商进行谈判，争取优惠价格，降低建设成本，包括图书馆设备、计算机网络设备、图书馆应用软件、文献信息资源等，争取资金使用的最大效益，解决各成员馆在现代化和信息化进程中资金不足的矛盾。

### 5. 电子资源建设

目前，各成员馆的电子信息资源独自发展，分散存储在各自的服务器上。因此，必须建立一个统一的信息与知识服务平台，将分布存储在各成员馆的数据库纳入这一平台之中，使各成员馆用户将所有数据库视为同一“知识网络”来应用，如可以借鉴清华同方CNKI网络资源共享平台。对于各馆利用率高的电子数据库，采用联盟集团购买的方式，压低价格，获得团体优惠价；对一些昂贵的电子资源，分摊费用，共同拥有昂贵的电子资源的使用权，采取设置镜像站点、远程获取，利用中国中心城市电子信息资源共享平台达到共同使用的目的，大大增强成员馆对电子资源的购买力，这种方式在CALIS系统中已得到广泛的认可。同时，建立电子资源导航库，根据各校重点学科建设的需要进行统筹规划和分工，对网上的电子资源（如研究进展报告、电子期刊论文、研究机构、专家学者等）按图书馆学的原理和方法进行收集、加工和整序，形成虚拟图书馆资源，补充和扩大联盟的电子资源建设，真正实现资源的共建与共享。

### 6. 资源合作存储

文献信息资源保障体系是实现文献信息资源共享的基础，资源合作存储的目的是实现资源整合，达到资源共享。借助联合目录，了解各成员馆的馆藏情况及特色，根据各成员馆的实际需要进行资源分工和布局，协调采购，达到文献信息资源的合理分布与经费的合理使用。这一点很重要，因为实现文献资源共享，首先要有丰富的文献资源作为物质基础，同时，资源共建共享是一种通过合作而互通有无、互补余缺的活动，而互通有无、互补余缺的条件是存在差异、各具特色。如果联盟的成员馆在文献收藏上均是你有我有，你无我无或类同，那么交流就毫无意义。所以，协调采购、合理布局文献信息资源，建立各成员馆特色的文献收藏体系至关重要。这就要彻底放弃因考虑少数用户的“使用不便”“不习惯”“麻烦”等怨言而大量地重复采购，特别是对外文原版期刊更应统一协调采购。

另外，随着网络技术和信息技术的发展，国外科技期刊出版向着电子化、网络化趋势发展，而且网络电子期刊具有提供速度快、方式多、查询功能强等优点，因此，成员馆在购买纸质原版期刊的同时，开始考虑或已经购买了大型的期刊全文数据库。因此，对于已经建立或即将建立的区域性图书馆联盟首先要做好资源共建共享的工作，对各单位的收藏重点和所形成的特色应进行详细调查和分析研究。在这个基础上，综合考虑网络内文献资源的现状，文献需求的状况以及其他可能的条件，提出文献资源建设的规划、目标和布局模式，以达到合理布局的目的，形成符合文献资源共享管理需要的、较完备的文献资源保障体系。同时，联合建设特色数据库，根据情况采取设置镜像站点、远程获取或购买光盘等形式引进各种电子资源，形成高品质的电子资源体系。包括建立存储图书馆联合存储实体文献来减轻成员馆的书库压力，以及对电子文献的使用及永久保存进行研究与协商。

#### 7. 参考咨询服务协作

数字化的信息环境已赋予图书馆联盟的馆际合作以新的内容和理念，那就是不仅有资源建设的合作，而且更有服务的协作。电子邮件、在线聊天和共同浏览等信息技术，为图书馆联盟内各成员馆之间参考咨询服务扩展了新的途径。因此，要整合联盟内各成员馆的资源优势和人才优势，利用网络的传递和交互功能，为用户提供全天候合作参考咨询服务。图书馆联盟中成员馆集体的合作参考咨询服务如同专家会诊，集成各家智慧，大幅度提高资源和人的服务效率，提升用户咨询的质M。反过来，通过合作参考咨询服务又可将各成员馆结成一个整体。

#### 8. 计算机软硬件资源共享

图书馆的硬件资源越来越丰富，价格方面的问题也越来越凸显。因此，图书馆联盟的形成大大地缓解了各家成员馆硬件资源的匮乏。各成员馆可以将联盟内的硬件当作自己的虚拟硬件，在任一终端进行访问。同时，由于电子资源的内容越来越丰富，所占的空间巨大，光靠一个馆的硬件来存储所有的电子资源已明显不足，各成员馆可以将电子资源合作存储，相互补充，用户对电子资源的访问只需通过虚拟服务器来完成。

9. 在职人员培训与业务辅导

图书馆联盟作为一个联合工作共同体，只有所有成员馆都按照统一的方式工作，才能保证联盟体系工作的效率和效益。联盟规模化、多功能化的资源共享网络，要求不断采用新技术、新标准来提高联盟工作效率，这就从客观上要求联盟管理层具有激励、指导、示范，营造内聚式和创造性文化、学习等组织教育培训的职责和义务。因此，图书馆联盟通过设立专门的培训部门或聘请外部专家，统一各成员馆在信息技术方面人才的管理和培训，定期或不定期举办成员馆培训班、研讨班、学术研讨会等，制定出某一时间段内的培训人数和应达到的要求，为各成员馆的现代化和信息化建设提供人才和技术保证，形成信息资源丰富的大馆在经验介绍、技术交流方面带领小馆的局面。定期开展业务交流活动，相互了解彼此的特征和工作方式以提高联盟合作的工作效率，实现非物质性资源的共享。反过来，这些教育培训又成为各成员馆相互交流工作经验，提高各自工作效率的必不可少的基本途径。

10. 合作进行图书馆学、信息技术应用等相关问题的研究

资源的共建与共享是图书馆联盟兴起的首要因素，同时，也为联盟内合作进行图书馆学、信息技术应用等与图书馆相关问题的研究提供了优越的条件。成员馆可以就自己馆的资源优势进行图书馆学开发研究，发挥各自的长处，优势互补，并取长补短。与此同时，图书馆联盟内各成员馆也可以积极开展图书馆学、情报学优秀成果评奖和图书情报工作先进集体、先进个人评选活动，评奖和评选活动对于调动和鼓励图书馆工作者从事图书情报工作和科学研究的积极性，进一步提高学术研究水平，起到了很大的促进作用。这种图书情报研究工作的开展对学科发展和图书馆整体化建设提供了理论和智力支持，也能保证图书馆联盟健康快速地发展。

## 四、图书馆联盟的组织模式

组织是为了完成特定目标而在分工合作的基础上构成的人的集合。巴纳德认为“两人以上有意识的协调和合作系统”便形成了组织。模式是事物的某种标准形式或固定格式。组织模式可以认为是在分工合作基础上为完成特定目标而形成的某种标准形式或固定格式。图书馆联盟的组织模式是图书馆在长期发展中形成的某种标准形式或固定格式，它确定了图书馆联盟的主要活动以及实现联盟战略的协调方式。

目前，已经出现了许多新型图书馆联盟的组织模式，有扁平化联盟组织模式、学习型联盟组织模式、虚拟联盟组织模式、网络联盟组织模式、动态联盟组织模式等。

### （一）扁平化联盟组织模式

扁平化组织，就是指在组织的决策层和操作层之间的中间管理层级越少越好，以便组织尽最大可能将决策权延至最远的底层，从而提高企业效率。中间管理层级的减少，使得管理者更容易捕捉市场动态，底层员工也更容易了解管理者的决策意图，组织变得更加柔性化。现代信息技术为扁平化组织结构的高效运行提供了重要的功能支持。

组织结构的扁平化管理要求管理者加强各方面的能力，能迅速把握问题的关键；员工有相当的业务熟练程度；对一些可以施行标准化的流程制定相应的制度，以利于管理；有先进的信息手段等工作条件。这样才能节约管理费用，使上级易于授权，并制定明确的政策，同时，还有助于选拔优秀的下级，有助于信息传递的流畅，有助于对外界的变化迅速做出反应。

信息技术的发展使得知识在管理者与劳动者之间共享，企业组织等级结构已不再受到管理幅度的限制，纵横交错的信息渠道造就了这种崭新的组织结构。所以扁平化组织是一种静态构架下的动态组织结构，其最大的特征就是等级型组织和机动的计划小组并存，具有不同知识的人员分散在结构复杂的企业组织形式中，通过凝缩时间和空间，加速知识的全方位运转，以提高组织的绩效。在扁平化组织管理下，应组织跨部门团队以援助者和训练者的角色来代替管理者的角色，以提高组织的应变力和平衡力。要使跨部门团队成为高绩效团队，通常的做法是建立工作团队，改善和整合团队，使其成员能接管传统管理者与监督者的工作和职责。通过在一个精益的组织内，对组织所拥有的知识、信息进行整合、创造和管理，从而更加直接地面向市场、面向用户。

信息传递及简单处理完全由低成本、高效率的计算机代替，这种以信息为特征的图书馆联盟的组织模式即是扁平的。扁平化管理使部门的界限消失，线式结构转向网络结构，实现了组织的集成化、智能化和柔性化。这种组织模式的优点是缩短了图书馆之间的距离，增进了馆际间的了解，简化了信息传递的环节，降低了管理成本，有利于图书馆之间的资源共享，利益互惠。

### （二）学习型联盟组织模式

在知识经济时代，企业必须提高学习能力才能更好地生存和发展。学习型组织对传统管理的价值观念和管理方式进行革新，它要求组织成员自我超越，不断认识外界的变化，不断赋予自己新的奋斗目标；要求改善心智模式；要求组织建立一个共同愿景，让这个蓝图永远激励组织成员不断奋斗；要求团队学习、系统思考，从整个组织出发，从整体出发，从大局出发，让成员与组织形成系统观察、系统思考的能力，并以此来观察世界，从而决定我们正确的行动。

学习型组织是图书馆通过学习运用信息技术来改造传统的组织结构。强调知识管理和员工对新知识的学习。从结构上看也具有扁平化的特征，即等级森严的纵向管理层较少，因而可使图书馆能更迅速地对用户的需求作出反应。当图书馆面对某一特定问题时，将动员相关的图书馆来解决。这种“知识杠杆”的功能又驱使图书馆持续不断地学习以解决将要面对的新问题。为了提高学习效率和培训效率，许多图书馆设置了信息主管或知识主管，以确保学习型组织的图书馆互动、交流和不断累积新知识或剔除旧知识，持续保持图书馆联盟的活力。

### （三）动态联盟组织模式

动态联盟是目前在企业界中广泛采用的一种管理与生产的主要实现形式。它充分利用现代网络技术，把在地理上处于不同地点的制造企业组织在一起，形成一种有时限的相互依赖、信任和合作的组织，各成员企业借助各自的优势部分，共享资源和技术，分担投入和风险，以最快的速度形成敏捷生产体系，从而快速地响应市场机遇，解决生产过程中出现的各种问题，实现企业的目标。动态联盟的目的是与那些同企业相关的供应者、销售者、互补者进行合作，以创造最大的收益。动态联盟组织的实质是图书馆之间基于合作关系的联合，由两个或两个以上的图书馆参与组建，是图书馆群体的动态重组行为。动态联盟只是一个虚拟网络组织，其最终目的在于快速开发或实现其知识服务职能，使图书馆在时间、质量、成本和服务这四个关键因素方面具有优势。

将动态联盟的概念引入图书馆界能最大限度地利用现有资源，实现资源共享。动态联盟具有合作、资源共享、联盟内存在准超额效益、动态变化的特征。采用动态联盟的方式，构成异地的图书馆联盟链或联盟网，有重点地投资发展各家图书馆具有优势的项目，使其具有专、精的能力，并能通过合作为整个社会服务，这样的链或网更具价值和整体的服务优势。因此，在图书馆间建立动态联盟，既可解决资金缺乏的问题，使得各图书馆的发展更具针对性；又可提高其计算机应用水平，为用户提供更好的服务。

图书馆动态联盟的组织结构和管理模式不同于单个的图书馆。要实现该联盟，须以能提供相应的技术支持的图书馆为联盟核心，建立全新的、切实可行的管理运行规则，这是运作成功与否的关键所在。按照双赢原则，建立动态的图书馆联盟，能够使联盟内各成员馆的资源、服务得到互补，避免各馆走“大而全”的重复建设的老路，发挥每个馆的特长优势；能够集中发挥图书馆行业的整体力量，提高整个图书馆动态联盟的服务能力和快速反应能力；与图书馆科研任务紧密结合，重点解决图书馆管理、网络建设等软硬件研制和开发过程中的瓶颈问题和共性问题。

图书馆动态联盟按功能可分为五个系统：①分布式的共享平台。建立该平台的目的是为其成员馆提供公用数据，建立不同图书馆应用软件间的公用接口，对不同的数据进行统一管理，实现异地存储、协同工作、资源共享等。②分布式的图书管理系统。该系统的内容包括图书资料的供应链管理、项目管理、文献借出还回管理等，以实现联盟的总体协调和指挥管理。③资源支撑数据库。该数据库包括各成员馆中可利用的所有文献资源的相关数据，为服务不同读者提供依据。④联盟信息中心。信息中心向外界提供联盟的业务范围、文献信息、服务信息等；提供论坛功能，为用户和供应者提供讨论与网络联盟有关问题的场所，以起到在线介绍和在线支持的作用；同时还可提供电子商务手段。③中心指挥系统。其主要作用是制定信息化联盟的发展战略，管理联盟成员，保护成员利益，合作伙伴的加入和退出等宏观事务。

图书馆动态联盟的主要作用有以下四点：①增强协作服务能力。动态联盟可以将自身核心能力与互补性的核心能力有效地联系在一起，提高和优化服务能力；②节约资金、促进发展；③通过学习加速创新。联盟是各合作成员先进知识的汇总地，由于知识的传递性，联盟内各成员馆可以通过学习获取对方先进的管理知识、经验和技能。联盟内的学习效率更高、学习周期更短，可以达到事半功倍的效果；④提高组织的应变能力。动态联盟的一个显著特征就是发展的动态性，这使得组织中的各个成员都十分关注变化，关注核心能力的发展。通过对各个单位的内部能力、战略目标和市场目标的广泛认识，对多样的、共存的读者机遇的把握，动态联盟实际上维系了为满足各自不同需要的多种组织形式的共存，这种多样的、共存的、柔性的组织结构提高了组织对不同需求、不同层次、不同单位的适应能力，这种能力是图书馆在不断变化及发展的过程中获取良好效益的最基本的保障。

### （四）网络联盟组织模式

网络联盟组织模式在结构上有一个很小的中心小组，周围围绕众多独立的、创新的图书馆单位，这些单位有紧密的纵向与横向的联系，并由中心小组进行协调，从而形成一种网络。网络组织强调突破内部的部门界限或边界，自由传播和交流知识，克服权力和等级层次障碍。网络联盟组织的另一种变型被称作蛛网组织联盟或蜂窝组织联盟，就像是一群小型的工作队的集合。根据实际，每个成员还可以转换工作角色，并随环境变化或目标要求调整团队的成员组合。

网络联盟以信息网络为支持，以信息工程联网为基础。通过信息网络建立动态联盟，各图书馆之间的信息传递和业务往来主要通过信息网络完成。虚拟图书馆联盟以任务信息为联系纽带，以市场机会与任务为基础，把不是核心的业务外包，只要能及时有效提供产品和服务，时空的限制是不存在的。

为了实现网络联盟组织，各成员馆还要加强图书馆标准化建设，为资源共享奠定基础。标准化是信息共享的基础，而资源共享包括硬件、软件和数据。因此，数据库建设必须在结构化、模块化的基础上，充分考虑系统的集成性、通用性和社会性。

### （五）虚拟联盟组织模式

虚拟联盟组织是由两个以上成员组成的一种有时限的相互依赖、信任、合作的组织，以便以最快的速度（最短的反应时间）对市场机遇作出反应。虚拟联盟组织模式通常保留协调、控制和资源管理活动，而将大部分不具优势或不太重要的业务活动“虚拟”出去。“虚拟”的主要形式是通过合同的方式把那些次要的业务转包出去，充分利用外部资源，仅保留具有优势的核心能力。运用虚拟联盟组织模式可以实现图书馆之间的资源，特别是知识资源的共享，不仅使图书馆联盟能灵巧地运用核心能力进行低规模快速扩张，而且放弃低附加值的业务或高成本的资源储备，集中有限资源直接面向用户。图书馆联盟可以利用信息技术来调配各成员馆有关人员快速解决用户所提出的各种复杂问题。

虚拟图书馆联盟是非股权结合，以协议来约束成员，唯一的制裁手段是终止未来业务关系。其成员馆之间的协调是通过中心组织协调机构或直接的自我调节。虚拟图书馆的组建需要的人员就是人力资源的虚拟集成，他们具有双重身份，不但要为原来的图书馆服务，还要为这个联盟工作。根据图书馆自身的人才资源优劣，与外部图书馆进行人才资源优势互补，通过信息网络把来自不同图书馆的人员集成在一起，为一个共同的目标而协同工作。建立虚拟组织一定要由高素质的管理人员操作，以整合人力资源，营造创新环境。现在多数馆员做的事还停留在文献资料借阅等低层次的服务水平上，而用户的需求是多元化的、快速的、全方位的。馆员应该学会与用户建立正式沟通，把握用户的需求变化，做用户的导航员。

# 第二节　图书馆联盟建设的内容体系

## 一、图书馆联盟的目标建设

### （一）目标管理实施的要素

目标管理实施的基本要素就是为建立目标管理制度所做的起点性工作，是目标管理实施的前提条件。从异质性区域图书馆联盟实践来看，形成目标共识是目标管理的基础，管理机构健全是目标管理的前提，制度建设是联盟目标管理有效控制的保证，沟通与协调是目标管理不可缺少的手段，稳定的资金来源和可靠的技术为联盟目标管理提供了必要条件。

#### 1. 形成目标共识是联盟目标管理的基础

在当今的信息技术条件下，单独的图书馆无法拥有用户需要的所有资源，资源的共建共享必将成为图书馆联盟建设的趋势，图书馆融入资源合作的潮流是图书馆发展的必然选择。自觉地参与图书馆联盟，形成资源共建共享的共识是图书馆联盟的基础，也为联盟实施目标管理提供了必要的条件。

同一系统的同质性图书馆联盟长期建设的结果，很可能导致资源同质化倾向，封闭和知识垄断容易产生信息鸿沟，而异质性区域图书馆联盟却能实现不同特色资源的共建共享。资源的互补性成为联盟建立和发展的驱动力，是管理实现的源泉。

#### 2. 健全的管理机构是联盟目标管理的前提

管理就是有计划、有组织的活动。健全的管理机构、有效的组织、明确的分工可以促进联盟的建设和发展，实现预定的目标。

从我国区域图书馆的管理实践来看，部分联盟中政府及其相关部门扮演着组织领导的角色，机构中往往建立一个由管理者、权威专家组成的工作委员会，对联盟实施管理，如吉林省图书馆联盟、宁波市图书馆联盟。以高校为主体建立异质性区域图书馆联盟，是因为高校图书馆在区域内图书情报领域理论研究深入、资源较为丰富、经费来源相对充足，能够起到倡导、组织的作用。依托于一个高校图书馆作为核心馆，建立联盟的管理机构（如理事会），履行对联盟的发展和日常工作进行策划和协调以及联络其他联盟的职能。管理层通过有效组织目标管理，约束成员馆在联盟工作目标实施中的行为，而作为基于共同的愿望和目的基础上的联盟成员馆也必须认真履行自己的义务，自觉维护联盟管理机构的权威。因此，对于目标管理来说，联盟管理机构的有效性、权威性、公正性、主动性和管理能力对联盟目标管理的实施至关重要。

3. 制度建设是联盟目标管理有效控制的保证

资源的共建共享是联盟各成员馆的共同愿望，因此，联盟制度对于异质性区域图书馆联盟建设来说具有重要的意义。“在图书馆联盟中，正式的契约、协议、合同等正式文件是控制联盟成员行为的重要手段。这些文件详细地规定了联盟成员合作各方的责任和义务，同时，也给予合作成员在其他成员实施投机行为时依靠第三方力量（如法律）保护自身利益的权力。”规范、合理的制度对联盟成员能够起到良好的自我约束作用，也是联盟有效管理、实施控制的手段。

联盟制度建设的内容一般包括构建联盟宏观的法规性文件，即图书馆联盟章程，确立联盟的加盟方法、运作基本程序及有关仲裁办法等；规定联盟成员馆应符合的标准规范和通行惯例等；与具体工作项目相关的协议和合同文本等。制度一经形成，各成员馆就要遵守制度、信守协议、尊重游戏规则，把联盟的共同利益和战略目标放在第一位，维护联盟管理的权威性。第一，图书馆联盟各成员馆应遵守联盟章程，严格按有关规定办事；第二，各成员馆要各负其责，分工明确；第三，在图书馆联盟内建立相互信任机制，包括协商机制、沟通机制、互助机制、调整机制、决策机制等；第四，应有意识地培养图书馆联盟的团体精神，形成学习、团结、实干、奉献、支援的氛围。

4. 沟通协调是联盟目标管理不可缺少的手段

沟通是把组织的活动统一起来的手段，它既是人际关系中最基本的行为，也是管理中经常采用的方法。“图书馆联盟的有效沟通是指联盟各方为实现既定的组织目标，利用各种媒介，进行思想、信息、情感交流，以调节行为，形成良好的联盟关系，保证联盟成功运行的管理过程，目的是创造一致性”。由于异质性区域图书馆联盟的特征，联盟成员馆在隶属关系、服务性质、服务目标、规模、资源状况、合作目标、合作动机等诸多方面存在差异性，这些差异性阻碍着联盟资源共享目标的实现。因此，联盟应重视运用沟通手段来协调各成员馆的关系。

沟通在图书馆联盟中的作用表现为确定联盟目标、制订实现目标的计划、有效组织人力资源和其他资源、控制工作过程、激励各成员馆等几个方面。运用沟通手段对异质性图书馆联盟管理具有重要意义。它有利于联盟目标的科学决策；有利于各成员馆达成共识，维护共同利益；有利于各成员馆相互深入了解，增加信任，进而促进联盟目标的实现。

5. 稳定的资金和可靠的技术是联盟目标管理的必要条件

资金和技术是异质性区域图书馆联盟目标管理的两个关键要素。多渠道筹措资金、发挥资金使用效益是联盟持续发展的保障；引进技术和自行开发相结合是联盟解决技术难题的有效策略。

图书馆联盟的启动和正常运营都需要一定的资金作保证。与 CALIS 这样的联盟资金来源靠政府拨款的方式不同，异质性区域图书馆联盟的资金来源主要靠各成员馆主管部门拨款。联盟要做的就是协调各成员馆用来采购资源和技术平台需要的经费，对成员馆提出资金使用建议，而必要的管理费用则可以通过收取适量的会费来解决。其实就我国中西部地区资源使用来说，大而全的资源建设模式造成了资源的浪费，应根据区域用户的需要加强文献信息资源的针对性。

技术是联盟实现资源共享的关键要素。各种数据库资源的格式不同、访问方式不同、检索界面不同，每个数据库都是一个信息孤岛。因此，联盟建设的关键是解决异构系统的互操作和异构数据库的集成。解决异构数据库的集成最便捷的选择是引进 MedaLink 平台。MedaLink 是超星专门为数字图书馆建设的专业元数据库，包含海量的中外文文献元数据，利用 MedaLink 的元数据存储可以为图书馆进行资源整合提供条件，实现图书馆异构资源一站式检索。同时，解决与用户互动主要是采用 SOA 和 WebService 技术的结合。在不改变原有的数据库分布系统的情况下，在现有应用中增加一层独立的“整合层”，将图书馆联盟目前存在的信息资源库按照一定的标准包装成 WebService，并在联盟对外的 Web 服务器上发布该服务。从目前图书馆联盟的实践来看，联盟所需要的平台技术越来越成熟，商业报价也越来越合理，因引进技术加上自行开发能达到事半功倍的效果，从而为联盟建设提供技术保障。总之，从国内外图书馆联盟的研究和实践来看，目标管理不是建立在空中楼阁之上的，而是需要各方面条件的支撑。只有具备了相应的管理要素，目标管理才能得以实施。

## （二）目标管理的过程

目标管理的过程就是对目标的设置和分解、目标的实施及完成情况的检查与奖惩过程。在目标管理过程中，要运用系统论的观点指导目标制定，用控制论的原理进行目标的有效控制，用客观评价与注重激励相结合的方法来考核评价目标结果。

1. 合理制定目标是联盟目标管理的基础

将理念转变为实践需要有效的驱动和运作机制，而驱动图书馆联盟运作的机制则是追求资源共享、利益互惠这一永恒目标的一致性。但是在实际运作中，各成员馆在发展规模、水平、管理模式、人力和财力资源以及发展目标等方面存在较大的差异性，主要表现在利益和要求上的不平衡；同时，各成员馆作为独立的组织个体，为适应社会需求，总是在不间断地改变着自身的生存和发展方式，包括在联盟内部的组织行为等。因此，尽管各成员馆都有信息资源共享的愿望，但图书馆联盟实际运行起来却特别困难。在图书馆联盟的运行过程中经常会出现两种情况：一是联盟的目标存在冲突，但在联盟建立的初期有所掩盖；二是目标在开始时是一致的，但随着时间的推移逐渐产生冲突。因此，图书馆联盟的目标建设显得极为重要。

2. 有效执行目标是联盟目标管理的关键

目标管理理论注重目标的结果而不强调过程，但却极为重视目标的控制。因此，图书馆联盟为了有效地执行目标，必须加强目标的分解和落实责任制，有效控制目标的执行。

### （三）制定图书馆联盟建设目标

联盟目标是联盟管理层、各成员馆共同的愿望和努力方向，是联盟建设和发展的原动力。抓住了目标，就捕捉到了联盟管理实践的灵魂。明确的目标使整个组织有了协同行动的准则，可使每个成员的思想、意志、行动统一到一起，以最经济有效的方式去实现目标。科学合理的目标有助于提高各成员馆的信心，激发创造热情，促进其为目标而努力。

### （四）制定图书馆联盟的目标时应注意事项

明确的目标是图书馆联盟的灵魂。制定图书馆联盟的目标时应注意以下几个问题：①制定目标前应进行充分的调查研究，借鉴国内外的经验教训，探讨自身的优势与不足，权衡建立联盟的利弊、可行性以及给联盟成员馆带来的预期收益；②构建图书馆联盟目标要从本地区图书馆在资源、技术、设施、服务等方面的特色出发，联盟目标不仅要以这些特色为构建基础，而且要有助于这些特色的强化；③目标是动态的，要根据变化的形势在总体战略思想的指导下，适时调整工作目标，使中期、远期的目标既有稳定性，以克服随机性和盲目性，又有较大的弹性和应变性；④图书馆联盟的目标应由联盟成员馆共同决定，必要时可组成咨询委员会或专家组开展论证，使目标定位尽可能科学、合理，便于操作；⑤图书馆联盟的目标应该解决大多数图书馆普遍存在的问题，比如，资金、资源等，使各成员馆得到实惠，提高联盟的威望和影响力。

## 二、图书馆联盟的制度建设

图书馆联盟的运行机制是指联盟工作系统运行中各成员馆之间相互作用、合理制约，从而使系统整体良性循环、健康发展的规则、程序的总和。图书馆联盟的运行方式是一个非常复杂的过程，它包含若干个子机制，通过相互作用的方式来完成信息资源的共享和利用。

### （一）图书馆联盟的竞争机制

在图书馆联盟的现代化过程中，竞争机制在图书馆联盟内部主要体现为各成员馆之间在专业技能上的竞争。技术竞争将是一个很好的手段，通过竞争会使图书馆素质不断提高，同时，对人才的争夺是竞争的另一个重要目标。既懂信息技术，又了解信息市场，同时，对图书馆的信息服务又有相当程度了解的专业人才，已成为图书馆生存与发展的重要支持力量。随着社会信息化程度的加深，信息服务机构不断涌现。各具特色的信息服务吸引了广大用户，图书馆已从信息服务的主要提供者转而成为众多竞争的信息系统之一。图书馆应该准确依据自身的优势进行信息市场目标定位，从而促进图书馆联盟的整体发展。

在图书馆联盟的外部，竞争机制主要体现为和其他图书馆联盟、其他信息服务机构的竞争。这种竞争的实质就是图书馆之间以及与信息机构之间的技术竞争。随着图书馆工作现代化程度的提高和图书馆开拓信息市场意识的增强，图书馆之间将不可避免地产生对用户的竞争。读者群在联盟之间的流动是竞争的主要目标，读者数量的增加，可以提高图书馆的社会形象，从而在竞争中拥有更多的优势。

### （二）图书馆联盟的协调机制

图书馆联盟在参与信息市场的过程中，内部竞争以及与外部同类机构竞争的目的是为了自身的生存和信息服务业整体有序的发展，这就需要协调，需要技术规范。图书馆联盟协调机制即图书馆联盟内部各成员馆由于相互协调与竞争，在共同实现联盟竞争优势以及各自发展目标的基础上，所形成的联盟系统内在特定规律性机制。当需要参与信息市场的竞争时，这一重组就变得更为复杂，只有进行有效的协调，才能保证图书馆联盟系统结构合理，使其功能得以优化。

图书馆通过竞争，使图书馆个体在质量上有所提高；通过协调，将信息网络上的各家图书馆的信息资源作为自己的虚拟馆藏，提高信息占有量，由此改进服务质量，避免信息重复建设，从而在用户心目中树立起图书馆联盟整体的良好形象，这将有助于提高联盟的市场竞争力。因此，图书馆在现代化过程中，应该将参与市场竞争作为一个基本出发点，在信息电子化及自动化系统建设中，应建立起良好的信息协调机制。

### （三）图书馆联盟的决策机制

信息市场及信息产业化的发展使图书馆联盟的决策机制由以前的执行型向决策型转变，图书馆联盟的管理者必须充分研究环境，正确评价自身的实力和能力，认真分析同行竞争者的优势与不足，然后确定自己的发展方向、活动内容和方式。

管理者对于信息市场中相关领域的基本状况以及用户的需要应有准确的认识，能够敏锐地捕捉信息并能比同行业中其他机构更为迅速地拿出市场需要的信息产品，并对馆藏资源进行合理有效的配置和利用，避免盲目开发，使信息产品能迅速转化为生产力，从而使自身获取最大的效益。所以，图书馆联盟应逐步建立起以信息技术为中心的决策机制。

### （四）图书馆联盟的激励机制

增强和激励各家图书馆的创新热情、创造力的意志和创新精神。打破图书馆之间条条块块的约束，以创造性课题为单位自愿组成“创造性开发组织”，促进各家图书馆的知识杂交和智力碰撞；在图书馆联盟的组织和图书馆联盟管理与资源建设上，推行柔性生产、柔性技术开发、柔性服务的组织形式，为各家图书馆实施创造性计划提供组织保障；在图书馆联盟内推行信息化、网络化、个性化、创新性管理模式，为图书馆获取信息、加强沟通与合作提供条件。

总之，在知识经济条件下的图书馆联盟，应把管理的重心放在开发和激励图书馆的创造力，在生产知识、运用知识的条件和氛围上，通过优化图书馆的职能部门与工作流程，建立一套有效的组织管理体系来支持和加强知识管理活动。

### （五）图书馆联盟的绩效机制

绩效机制的作用是指对图书馆申报的管理成员馆进行审查和评定，以确定其业绩和效果。就组织而言，绩效即是任务在数量、质量及效益等方面的完成情况。对绩效进行测评，能显示出每家成员馆能力的强弱和工作效率的优劣。以绩效作为激励标准，并以此为依据进行公平合理的资源分配，体现了任“馆”唯贤、优胜劣汰的用馆原则，从而使激励手段真正起到作用。

### （六）图书馆联盟的奖惩机制

奖赏和惩罚都是管理活动中不可缺少的内容。奖惩机制就是将图书馆的绩效具体化为每家图书馆愿意接受的收益，对不能实现图书馆联盟管理目标的图书馆进行处罚。①树立新的用馆观念，要变论资排辈为不拘一格，以此来选择图书馆；②确立新的用馆原则，即以“公开、平等、竞争、择优”为原则，通过公平竞争凸显出强者，造就一支高素质的队伍；③注重优秀图书馆的开发、培养，充分挖掘现有图书馆的潜能，狠抓培训，加强专业人员的继续教育，为他们补充新的知识、优化知识结构、掌握新的信息技术创造必要的条件。

### （七）图书馆联盟的产业经营机制

在信息网络环境下，图书馆有必要建立起新的运行机制——产业化经营机制，以形成自我发展能力，保证图书馆联盟的持续发展。建立以信息技术为中心的产业化经营机制，就是在选定目标信息市场的基础上，对其规模、需求和信息市场上的竞争对手及自身能力等因素进行分析，以确定有特色、能更好地满足特定需求的服务产品，从而建立起产业化的经营机制。对此，需要认清联盟所处的社会行业地位，并发现尚未被占领的市场空间，明确在同一行业中与其他服务机构的差异，找出自己的服务特色，针对服务对象的期望树立起图书馆联盟的整体形象，提供差异化服务，从而吸引更多的读者和用户。

图书馆联盟需要逐渐形成产业型的运行机制，把原来零散的信息工作转变成集中的信息产业，并组建信息服务部门。产业型运行机制下要求图书馆联盟按照客观规律办事，以市场需求为导向，改变单纯追求社会效益的观念，树立经济效益的思想，以先进的信息技术为依托，创立有影响的信息服务项目。在产业型运行机制下，图书馆联盟必须走向市场，在信息网络环境中与其他信息部门进行联合，实现信息经营的企业化、社会化、商业化和人员的专业化。

## 三、图书馆联盟的组织建设

图书馆联盟发展至今，其主要服务对象是公众，资金来源主要是政府拨款，由此决定了图书馆联盟的性质是非营利性组织，其治理模式只是借用企业公司治理模式的外壳。

信息技术的发展与有形网络的应用，使得组织治理的技术环境和技术手段发生了根本性的变化。现在的依托网络技术的网络组织治理模式则更显灵活。因此，在任务管理方面，图书馆联盟采取灵活的分布式团队管理。董事会负责制属于传统的公司治理模式，从管理形式上看略显保守，但在总体上可以保证联盟的正常运行。而任务实行分布式团队管理则正好弥补了董事会负责制在信息交流、反馈和共享方面的弱点，可以及时、方便地让工作小组或工作团队进行有效沟通。

## （一）图书馆联盟的组织结构

董事会是图书馆联盟机构管理的上层。在大型的图书馆联盟中，常常由董事会选举产生一个小型的管理委员会来管理联盟，联盟的日常事务一般由聘用的执行董事来负责管理，并协调、检查联盟内各成员馆的工作。除此以外，联盟管理体系一般还包括工作组、专家委员会、用户委员会和职员等。

### 1. 董事会及相关政府管理机构

图书馆联盟一般要成立专门的董事会，董事会成员主要从成员馆中选举产生，通常是由各成员馆的馆长组成，因为馆长更能全面了解本馆的需求和发展目标，并且能够在涉及自身利益协调的时候作出决策。此外，董事会成员还包括成员馆之外的政府机构代表或公司企业的代表。

### 2. 管理委员会

在大型的图书馆联盟中，董事会是设置一个小型的管理委员会。该管理委员会由董事会选举产生，并向董事会报告工作。管理委员会是图书馆联盟运行的总体负责机构，一般负责联盟各项政策的制定、合作项目的实施、分项目负责组的建立及解散、监督分项目的实施。其中，委员的选举以及委员会的权威性对图书馆联盟合作能否稳定而有效具有关键性的作用。

管理委员会有三种组织形式：①以某一大馆为中心的联盟中，管理委员会由大馆的职员兼任，全权负责。如美国的路易斯安那州图书馆网，由路易斯安那州图书馆来完成各项任务，并为参与馆提供服务。②以某几个主要成员馆、政府机构代表、其他成员馆代表共同组成，主要馆的权力要大些。③成员馆之间的地位平等，各成员馆分别派代表参与联盟各项政策的制定、合作及研究项目的选择等，这种机构往往命名为成员大会。

### 3. 工作组

工作组是具体负责完成图书馆联盟各项目标的机构。一般来说，管理委员会有权力成立和解散工作组，工作组对管理委员会负责。根据任务的不同，可设置不同的工作组，因此，工作组的多少及工作组的类型是根据图书馆联盟各自的情况来决定的。

### 4. 专家委员会和用户委员会

专家委员会是由联盟根据工作需要聘请的对联盟工作进行协助的机构。用户委员会是设立在一些提供有偿服务的联盟中，此类联盟将成员馆分为服务馆和用户馆，为保证用户馆的利益，由用户代表组成用户委员会，来对服务馆提供的有偿服务提出建议，以促进联盟的发展。专家委员会和用户委员会都属于业务和技术咨询组织，不参与联盟的实际运作。不少联盟的专家委员会称为顾问委员会，但也有一些联盟的专家委员会并入各个工作组中，来完成各自不同的职责，其划分不是非常明确。

5. 职员

有的图书馆联盟设有办公室，有许多的专业人员，包括负责合同谈判、咨询、培训的专家；有的联盟没有正式的管理机构，也不设执行董事和办公室，仅仅依靠其成员馆提供所有的事务服务。联盟职员的来源有三种：由成员馆提供专职或兼职人员，联盟专门聘请人员，其他相关机构的人员兼职。美国的大多数图书馆联盟都有专职职员。由兼职人员来负责的联盟容易被兼职人员的本职工作所干扰，在同时面对联盟和自身问题时，兼职人员首先考虑的还是其首要的工作。为维持联盟的正常运转，多数联盟都设有专职人员。在实践中，并不是所有的联盟都需要按照这样的模式设置组织机构，组织模式的设计应根据各联盟的规模、大小、任务目标等实际情况决定。

### （二）图书馆联盟的组织发展

图书馆联盟的任务需要各成员馆协调统一完成，涉及的范围广，人数多，加之现代信息技术为各成员馆之间的联系提供了极大的便利条件，因此，网络环境下的图书馆联盟采取工作团队的方式是最好的选择。执行董事通过管理、协调各团队的工作从而达到协调各成员馆的目的。各团队下面的工作小组是由每家图书馆为完成联盟工作而组建的，工作小组和工作小组之间的任务分配、协调由工作团队负责人具体执行。

采用基于工作小组和工作团队的组织结构的优点表现在以下几方面：

第一，组织结构趋于扁平化，打破了馆与馆之间、部门与部门之间的界限，加强了交流，利于图书馆联盟取得成功。

第二，将来自各成员馆的工作小组组合在一起，有助于有效集成核心能力。

第三，可适应信息服务过程中用户的多样化、个性化需求，如在联合参考咨询系统中，采用工作小组方式能及时、迅速解答用户的咨询问题。

第四，工作小组和工作团队可以根据联盟发展的需求适时增加或取消，具有灵活的动态性。

工作团队间可以采取分布式团队管理。分布式团队也称虚拟团队，是图书馆联盟为了完成联盟的目标而设置的短期性团队，其成员通过分布式的信息网络进行交流。分布式团队的成员可能是跨地区甚至是跨国界的。与传统面对面交流的团队不同，分布式团队的成员必须借助于先进的通信技术，如电子邮件、电话、电视会议等进行交流。管理的中心是控制、监督、命令要求团队成员充分了解全局工作，有主动性、创造性，管理的中心是交流、沟通、协调。

## 四、图书馆联盟的文化建设

文化是指人类在社会生产实践中所获得的物质、精神的生产能力和创造的物质、精神财富的总和。图书馆联盟文化作为图书馆联盟的重要内涵，能够处理成员馆之间的关系、发展和维持有效的协作，并能有效地避免和解决此类问题。图书馆联盟文化就是指把各成员馆的共同利益和需要放在第一位的特质。它是图书馆联盟发展到一定阶段后，为保证联盟公平、公开、公正和顺利发展而必然要形成和规范的一个展面，也是一种客观存在的文化现象。

### （一）图书馆联盟文化的内容

图书馆联盟文化包括三个层面，即资源、制度和精神。

#### 1. 资源

第一，电子资源。电子资源日渐普及，很多电子资源的订购价格十分昂贵，一家图书馆一般难以独自承担。而图书馆联盟最成功之处就在于运用团体购买力要求出版商提供最大限度的优惠，从而降低图书馆的费用支出。因此，电子资源的集团采购作为图书馆联盟一项主要的任务将长期存在，电子资源作为联盟文化的主要资源也将长期存在。

第二，联机编目资源。网络的出现为各成员馆开展联机编目提供了条件。通过编目数据的上传和下载缩短了各成员馆新书编目上架的时间，有效地缓解了读者对新书的寻求矛盾，又使得有限的资源得到合理的利用，更利于各成员馆之间对编目数据质量的规范和统一。联机编目资源作为各成员馆开展业务工作的基础，也应当作为图书馆联盟资源的基础而长期存在。

第三，人力资源。联盟可以充分利用各馆人力资源的优势，一方面，经常组织各成员馆间专业技术人员的交流，另一方面，不定期地举行各种讲座，使各馆之间信息互通，既拓宽工作思路，又能促进本馆各项业务和合作的开展，使得各成员馆共同提升和进步。因此人力资源作为资源中最积极和最活跃的一个部分能赋予图书馆联盟强大的生命力，人力资源也是图书馆联盟资源中最具主动性和开创性的资源。

#### 2. 制度

由于联盟的形成在很大程度上是各成员馆基于共同利益形成的非行政性质的合作形

式，缺乏相应的法律文件作为指导和保障，因此，为保障联盟的正常运作，必须制定出相应的联盟章程等系列规章制度来保障各成员馆的共同利益和联盟的长久稳定。另外，为了实现各成员馆间的资源共享，联盟必然要制定统一的规范和标准，包括数字资源建设标准规范、数字图书馆应用服务标准规范、版权保护与权利描述规范、面向数字图书馆的电子商务规范、面向销售商和出版商的一些规范等。

3. 精神

精神作为最高形态的意识，是图书馆联盟发展到高级阶段必然要大力推行和推广的，是图书馆联盟的本质和不同联盟之间有所区别的特质。当我们在大力宣扬图书馆文化、图书馆精神时，图书馆联盟要持久稳定地发展也必须大力提倡联盟精神——个人利益服从联盟利益、联盟利益高于各成员馆利益的联盟精神。

图书馆联盟文化是以知识共享为价值取向或以知识共享为核心的文化，是各成员馆共有的、持续存在和不断发展的文化。价值观就是追求，图书馆联盟的价值观体现联盟的追求和偏好，这种追求和偏好就是最大限度地共享知识，通过共享知识提高各成员馆的资源利用水平，提升知识服务能力。

对图书馆联盟来说，知识共享文化的形成具有以下几个方面的特征。

第一，知识共享文化支配图书馆联盟的一切行为。在图书馆联盟中，大量的行为表现为联盟成员之间的互动行为或关系行为，如联合编目与联合目录、公共检索、馆际互借与文献传递、电子资源建设、资源合作存储、参考咨询协作服务、计算机软硬件共享、在职人员培训与业务辅导、合作进行图书馆学和信息技术应用相关问题的研究等。这些行为都具有一个共同的核心——“知识转移”和“知识共享”。这表明图书馆联盟——这种纯粹的“知识联盟”——行为对知识共享文化有一种天然的适应和要求。换言之，图书馆联盟一旦建立，其知识共享文化也随之形成（初步），并伴随联盟生命的始终，在此过程中，联盟内所有成员的行为都受到知识共享文化的制约。一个图书馆联盟形成了独特的知识共享文化，具有浓厚的知识共享氛围，就会催生出丰富多彩的知识共享行为或活动，或者使联盟的行为打上鲜明的“知识共享”色彩，体现出“知识共享”诉求。知识共享文化的制约和影响是无形的，但又是无处不在的，没有一个成员馆、没有一项联盟活动可以超脱背后的文化支撑。

第二，知识共享成为整个联盟共同的追求。图书馆联盟合作的初衷和目标在于知识共享，在于超越传统单一型图书馆边界的更大范围的知识共享。知识共享文化影响和塑造具有知识共享品质的成员馆，培养联盟成员共同的知识共享、知识服务的使命感和事业心。尽管联盟成员的地位、特色资源以及服务等会各不相同，但是在图书馆联盟的知识共享文化渗透下，它们无不致力于知识共享，无不把知识共享作为自己的追求。

第三，知识共享成为联盟自然的行为。知识共享文化形成后，图书馆联盟成员的行为模式自然而然地体现知识共享。对于人来说，行为模式是潜意识的表征，不用想就这么做，是一种习惯。对于图书馆联盟来说也是如此。图书馆联盟“知识转移”和“知识共享”习惯不是经过思想斗争刻意作出来的，而是潜意识里的，是自然而然的，表明知识共享文化已经浸透到成员的骨子里。有了这种习惯，就表征了真正的图书馆联盟知识共享文化。

第四，知识共享成为图书馆联盟的信仰。随着图书馆联盟的发展，知识共享文化也不断发展，并走向成熟和完善，达到了一个高层次的、高水平的、非常理想的境界，上升为整个图书馆联盟的信仰。知识共享的信仰具有无穷的力量，可以让联盟各成员不假思考地跟从知识共享的路线。达到这种高水平知识共享文化的图书馆联盟的各成员，信奉知识共享就像教徒虔诚地信仰宗教一样。

第五，知识共享成为图书馆联盟的道德意识。即各成员把知识共享看成是一种道德评判的标准，用以对各成员的知识共享活动或行为进行评判，从而起到衡量或规范联盟各成员的知识共享行为的作用。

### （二）图书馆联盟文化的建设原则

第一，质量优先兼顾利益的原则。当联盟在与经销商进行谈判时，必须始终坚持保证所采购资源的质量，在优先保证质量的前提下才能兼顾利益。

第二，公平公开的原则。由于联盟是非官方组织，成员馆之间仅仅是伙伴关系和业务上的协作关系，且各成员馆由于在联盟内投入资金的多寡不同，因此，保持联盟财务的公开就显得格外重要。同时，联盟的公平性也十分重要，联盟的公平性表现为两方面：①地位公平。大馆小馆在联盟内部的决策方面拥有的权利是一样的，不能形成大馆规模大，联盟的发展就由大馆朝着有利于自己的局面发展，从而损害小馆的利益。②分配公平。不论大馆小馆，根据其规模大小、投入多少公平地分配相应的权利，同时，承担与权利相适应的义务。

第三，平等但不平均的原则。由于成员馆的大小不同，因此，在费用分摊、资金投入方面各馆也不同。联盟内在坚持公平公开原则的基础上，还必须做到平等但不平均，联盟应根据成员馆投入资金的多少、拥有资源的多少、为联盟投入的多少而相应获得在联盟内部的权利，以此来体现权利与义务紧密相连。此外，必须注意虽然大馆参与联盟内部事务较多，但较重大的决策也必须尊重小馆的意见，取得各方面的理解，才能做出符合各成员馆的决定，从而保障各馆的地位平等，实现利益均衡。

### （三）图书馆联盟文化的建设内容

一是规章制度的不断完善。联盟内的文化建设首先是不断完善规章制度，包括构建图书馆联盟宏观的法规性文件，即联盟章程，确立联盟办法、运作基本程序、成员馆享有的权利和应尽的责任和义务等；规定和明确成员馆的业务规范和通行惯例等；与具体工作项目相关的协议等；统一制定发展规划和发展目标，建立、健全图书馆联盟健康和协调发展机制。

二是联盟内资源的不断积累。要实现联盟的资源优势，应继续加强原始书刊书目数据建设，着力加强与各成员馆专业相关的电子性文献资源的集团采购。此外，还应顺应网络图书馆、数字图书馆发展的需求，积极推动各成员馆着手建立各具特色的专业数据库，促成各成员馆形成共建共享的风气，真正实现资源共享、优势互补，从而发挥联盟的最大效益。

三是大力提倡精神建设。联盟精神是为实现各成员馆的价值体系和责任而为其提供信息服务过程中形成的一种意识，是联盟发展到一定阶段必然会出现的一种文化。精神是联盟文化建设的核心和灵魂，对于一种松散的联合体，精神是联盟生存和发展的动力源，对各成员馆具有极大的凝聚力和辐射力。大力加强联盟精神建设，不断在联盟内提倡联盟精神，才能为联盟的发展注入新的动力。

### （四）图书馆联盟文化建设的注意事项

首先，联盟文化建设必须重质量和目的。图书馆联盟文化建设必须重质量和目的而轻手段，重视相关制度的完善，重利用、轻收藏，切记不搞大而全、小而全、重复建设。馆藏有重点、有特色，联盟内大力提倡共建共享的合作风气。

其次，联盟文化建设必须有长远规划。联盟的文化建设与其他文化建设一样是项长期的系统工程，需要长久坚持、不断努力才能达到。因此，在客观上必须注意进行合理安排，注意物质文化、精神文化、制度文化的合理结合，才能使联盟文化发挥最大效益。切忌只顾短期效益和眼前利益，这样势必导致两个后果：①短期效益必然使文化建设没有梯度性、层次性，并缺乏继承，导致偏差的出现；②眼前利益必然会与联盟的长期发展相冲突，违背联盟建设的目标，同时也损害成员馆的利益，使得联盟发展缺乏相应的保障。

最后，联盟文化建设必须始终强调信任机制的建立。作为松散的联合体，图书馆联盟缺乏相应的法律文件作为约束。为增加联盟的凝聚力，联盟文化应自始至终在联盟内部推行信任机制，包括信任机制的建立、信任机制在各馆之间的实行、信任机制适应新形势新情况的不断修正和完善。建立最基本的信任制度，才能在此基础上不断深入和开展联盟的相关活动。

## 第三节　基于区域图书馆联盟的资源共享服务

区域图书馆联盟是信息社会发展的必然要求，通过区域图书馆联盟，可以实现范围图书馆资源共享，丰富各个图书馆数字馆藏资源，为读者提供更加多样化的图书服务。区域图书馆联盟是实现区域范围图书资源的共享，是各个图书馆联盟成员之间共享资源、互惠互利的一种发展模式。区域图书馆联盟主要有两种类型：①区域内跨系统的图书馆联盟，是一个区域内各级图书馆之间的资源共享体系，主要以地方图书馆学会为主，联合高校图书馆、公共图书馆和专业图书馆以及其他文献机构；②区域内同一个系统内部图书馆建立的共享图书体系，实现区域内同系统图书资源信息共享。

### 一、基于区域图书馆联盟的资源共享的意义

图书馆在寻求对外合作时应展现出开放包容的态度，通过共建共享资源提升文化资源的整合效率，增强区域文化服务竞争力。

第一，统一要素调配模式，降低服务成本。图书馆联盟的合作越来越密切，在服务、技术、文化等方面的合作已经非常普及，这些变化会不断促使图书馆创新服务方式。区域图书馆成立联盟，可以形成互为补充、互为促进的合作关系，文献、设施、人才等各个方面的要素在同一架构和同一体系下，通过约定和协议等进行有效调配，可以更好地满足地区内单个图书馆的发展需求，降低了公共文化服务的各项成本。

第二，打造统一共享资源平台，精准对接。基于区域图书馆联盟在进行合作过程中，因彼此服务方式和隶属关系的不同，馆藏资源建设情况也不一样，不能依靠政府职能进行联合。成立信息服务联盟，创建信息资源共享平台，可以通过优势互补的方式为用户提供高质量的文化服务。服务联盟有利于馆际沟通，互相借鉴成功的管理经验，在服务过程中互通有无，明确用户服务方向，精准把握用户需求，提供针对性服务。

第三，提升资源流通成效，推动知识信息服务模式的升级。图书馆通过构建一体化流通渠道，可突破原有的资源分享限制，通过线下协议确认、线上快速分享的模式，统一区域内图书馆各项资源的流通方法和途径，使公共文化服务体系变得更加健全。该运作模式

均由地区内图书馆共同建设、共同使用，共享技术和人员等资源，使区域公共文化服务变得更加开放。在区域一体化环境中，地区内图书馆要齐心协力共同建设地区品牌，推动图书馆信息服务水平迈上新台阶，从而更加科学地利用馆藏资源，不断完善信息服务内容，创新服务方式。

## 二、基于区域图书馆联盟的资源共享原则

图书馆在合作过程中，为了让多方利益得到保障，可以制定联盟建设标准，根据服务系统共享建设资源，使区域服务联盟变得更加稳定和有序。

第一，明确发展目标与愿景，出台服务联盟建设标准服务联盟中区域图书馆的发展愿景是相同的，不同类型的图书馆步调统一。出版社、企业等机构的配合将会推动公共文化事业的逐步发展，使其一体化程度逐渐加深。其中，联盟参与者彼此需要进行交流和沟通，指明联盟未来的发展方向和服务标准，结合约定规范提供公共服务。省市级图书馆需要调查联盟成员的具体情况，只有了解参与者的具体情况，才能制定科学的规范，让权责变得更加明确。主导机构在制定奖励机制的时候，也需要考虑技术、资金、资源等内容，提高其他文化服务机构的参与度。

第二，融合不同主体与机构，搭建多方协作网络框架，区域图书馆形成的联盟不能局限于自身服务。内容和形式，需要融合不同的主体和机构，形成多方协作的网络框架，更好地推动区域图书馆服务联盟的建设工作，使联盟成员可以进行有效沟通，合理分配资源，保障多方利益，合理有序地开展各项业务。此外，图书馆还应适当加入辖区内社区图书馆或农家书屋等内容，形成更加多元的协作体系，使小型或偏远区域图书馆拥有更多资金、技术等资源，合理分配所有资源，增强联盟参与者的凝聚力。

第三，整合利用数据与技术，设计共建共享服务系统技术是区域图书馆建立联盟、实现共享的基础。特别是在5G、大数据时代，技术已经成为资源共建共享不可或缺的重要力量，通过技术实现资源转化的途径也越来越普遍，物联网、大数据等先进技术为整合数字文献资源、一体化办公模式提供了技术条件。图书馆联盟也可以与互联网企业进行深入合作，运用馆藏资源共建共享服务系统打破信息壁垒，通过多向流通数据搭建突破时空限制的资源分享平台，将所有资源集成于同一平台，供用户随时随地获取。在该过程中，区域图书馆可以结合大数据、云储存等先进技术，不断整合多元异构数据，挖掘有效信息，丰富数据库内容，使共建共享服务系统变得更加完善，让信息流通过程的安全得到保障，满足该区域多层次用户的不同需求，使服务质量得到保障。

## 三、基于区域图书馆联盟的资源共享服务策略

### （一）完善的利益共享、利益分配机制

第一，完善的利益分配机制是保证区域图书馆联盟长远发展的关键，必须建立相对完善的利益共享、利益分配机制，才能确保各个联盟成员的利益，提高联盟成员积极性。在推进区域图书馆联盟建设期间，区域图书馆联盟管理机制需要厘清不同联盟成员的利益关系，确定不同联盟成员之间的图书资源、资金资源比例，确定资源归属方，避免后期的利益分配不均匀，造成成员主体之间的利益冲突，根据每一个联盟成员的实际情况，沟通协调利益共享问题。

第二，扩大区域图书馆联盟经费来源途径，联盟建设初期，通过主管部门的支持，可以解决服务平台初期建设的经费投入，联盟成立后，平台维护管理经费需要各个联盟成员承担。联盟会费必须根据每一个图书馆联盟主体的综合实力、共享能力等因素进行确定，解决后期平台的运营管理会费。此外，区域图书馆联盟还需要提高联盟的营利能力。

### （二）完善联盟的运营管理制度

区域图书馆联盟由于联盟成员主体地域位置比较分散，缺乏有效的组织管理机构，影响到区域图书馆联盟实际作用。因此，在加快区域图书馆联盟成员的共建共享时，还需要进一步完善图书馆联盟之间的运营管理制度，可以真正发挥地域综合图书优势，提高图书馆服务质量和服务水平。

区域图书馆联盟建立的时候，必须考虑到联盟地域性，选择地域相对集中的各个图书馆，有助于提高图书馆联盟的集中化管理，这样可以降低馆际图书馆借阅成本，为广大读者提供便利的借阅空间。区域图书馆联盟成立后，必须建立区域图书馆联盟管理机构，负责对整个区域图书馆联盟各项事宜进行管理，完善区域图书馆各个成员主体的责任和义务，协调各个联盟成员主体的关系，将单个图书馆资源优势转化为联盟综合服务的一部分，并将单个图书馆的资源融入共享空间，可以实现联盟成员用户的信息知识共享，促进联盟更好的发展。

### （三）建立统一的多源异构信息共享平台

为了推动区域图书馆联盟的共享服务，需要建立统一的图书馆信息共享平台，在平台的统一管理下，可以将各个图书馆联盟主体馆藏资源纳入平台内部，真正实现信息资源的

共享。

区域图书馆信息共享平台，是联盟成员数字资源的整合。由于数字图书馆资源包括电子文档、电子图书、图片、视频、动画等不同媒介形式，利用多源异构数据融合技术，可以将各种不同的数据进行融合，可以将各个联盟成员之间的数字馆藏资源链接到多源异构数据信息平台，解决联盟成员之间的信息孤岛问题，真正实现图书馆馆藏资源的信息共享。

多源异构信息共享平台建设不仅包括联盟主体的数字资源共享，而且还包括馆际资源互借、文献传递、联机编目系统、参考咨询系统共享等多个方面的内容。根据区域图书馆联盟管理共享协议和联盟管理制度，联盟成员之间需要联合采购图书、期刊、数字图书等资源，根据用户使用权限提供相应的馆藏图书借阅、订购电子图书、订购期刊、查阅信息等服务。通过联盟共享平台，可以定期为用户推送相关图书服务，满足客户个性化的图书信息需求。

区域图书馆联盟实现了区域图书资源的整合，进一步促进了区域图书馆信息资源的共享共建，打破了单一图书馆信息资源的限制，提高了区域联盟成员的整体图书服务质量、科研水平和信息服务水平，满足了读者个性化的图书需求。

## 第四节　高校图书馆跨领域合作联盟与发展研究

### 一、跨领域与高校图书馆跨领域合作联盟

跨领域即不同专业、不同文化、不同意识形态的行业根据社会创新发展需要而进行的尝试性业务融合，并在该过程中试图形成新专业、新文化、新工作风格和价值理念的社会产业创新。跨领域的产业合作需要在工作理念求同存异、开放包容的基础上开展对话，进行新的业务模式设计，并创造新的需求、吸纳新的受众，建立可持续发展的业务生态，使合作双方能够维持长久稳定的业务往来关系，最终在双方的共同努力下，使新行业实现更多的社会价值及现实收益。

图书馆跨领域合作联盟是为建设出更能满足读者多元需求的复合功能型图书馆而对图书馆在管理服务功能上进行跨领域的拓展、在馆藏资源上进行文化场馆系统的合作建设的这样一种跨系统、跨区域的图书馆工作联盟。

“高校图书馆联盟是实现信息资源全面流通的一项既经济又实用的战略，受到了世界

各国图书馆界的广泛关注。”① 高校图书馆跨领域合作联盟是以高校校园应用为基础的，其所包含的工作系统涉及数字资源建设、计算机资源共享、学科综合书目编类、信息采集调配、业务联合系统搭建、成员馆借读功能同步、文献流通机制确立等内容，在丰富高校图书馆的资源功能、学习功能、场所功能、文化功能的同时，也打破了以往各高校图书馆之间相对孤立的状态，提高了各高校图书馆的服务效率。

## 二、高校图书馆跨领域合作联盟的优势

### （一）广泛性

高校图书馆跨领域合作因其特殊的社会文化意义和文化功能，在面向社会的业务合作中能打开广泛的业务渠道，而通过拓展校外跨领域的业务合作，也能够使高校图书馆的场所功能得到新的开发，使高校图书馆的社会影响力得到提升，甚至能够建立新的馆藏共享资源。例如高校图书馆可以依托数字化平台提供高校课程资源共享、与出版社建立馆藏资源再版发行合作、论文发表申请平台等业务，不断丰富高校图书馆的内涵，使更多的社会文化行业能够关注到高校图书馆这个资源阵地，使高校图书馆与社会的联系更为紧密，也让图书馆在高校师生中的利用率得到提升，完善高校图书馆的学术功能。高校图书馆开展跨类型图书馆合作，与公共图书馆、个体书店等建立以一定文化主题为主导的阅读体验活动，可以积极响应当前社会“全民阅读”的号召，丰富广大群众的文化需求，完善高校图书馆的社会功能。除此之外，许多高校图书馆也充分发挥图书馆的场馆功能，邀请校外学术、教育界的学者专家进行学术的交流和分享，拉近了学生、教师和学者们的距离，进一步提升了高校学术氛围的感染性。

### （二）同步性

高校图书馆合作联盟的优势在于其是利用广泛的联盟网络形成的一个全局性的系统机构，能够为高校图书馆带来更多更全更先进的信息、功能、服务、管理、资源等，且同步时效性不断增强，而且成员馆越多，相应的资源库同步内容就越丰富。因此，高校图书馆跨领域合作联盟具有同步性。

资源的同步性是维持高校图书馆资源建设的一大动力，尤其是通过数字化网络互联，高校师生能够在本校的图书检索系统中搜索到本校馆藏之外的图书资源，并通过合作联盟

---

① 封珂，井水. 陕西省高校图书馆联盟发展现状及推进路径［J］. 新西部，2022，（11）：114.

的系统实现图书的异地预约借阅，这提升了图书检索借阅一系列操作流程的效率。除了馆藏资源，高校图书馆合作联盟还能促进图书馆服务质量的统一协调，提升各成员馆管理工作的专业度，使其相互借鉴，共同进步。高校图书馆联盟的同步性为广大高校师生在文献资源的查阅上带来了极大的便利，同时，也不断优化合作联盟的功能，帮助功能较弱的成员馆同步提升短板弱项，实现我国高校图书馆整体质量的不断进步。

## 三、高校图书馆跨领域合作联盟发展的优化建议

### （一）加强对外部门的全方位建设

高校图书馆未能在对外跨领域合作中形成相对稳定的规模，这给高校图书馆的业务拓展造成了一定的阻碍，而要提高高校图书馆的跨领域合作能力，则需要在高校图书馆内部加强对外部门的全方位建设，这一方面能促进图书馆规模资源的拓建，另一方面能够带动图书馆工作人员综合素质的提升。这就要求：①图书馆首先要重视对外业务的重要性，为对外部门的建设提供资源保障；②要灵活应用和接纳复合型人才进入图书管理系统，或是在对外部门中吸纳擅长馆藏数据统计、行政管理、运营策划的人员，以备在跨领域合作的业务中能够使高校图书馆的校园资源优势得到充分发挥；③要在具备优质内容的基础上对跨领域合作业务进行充分宣传，提升新业务功能的读者受众覆盖率，通过新业务功能与读者建立更加稳定的供求关系。总而言之，高校图书馆对外部门应当从多个方面入手，对其工作进行明确规划，将图书馆的合作方、图书馆及图书馆读者的需求结合在一起，提升高校图书馆的业务创新能力，增加高校图书馆在新业务开发中的主动优势。

### （二）开展高校志愿活动和实习活动

面对高校图书馆合作联盟建设经费不足导致合作联盟活动内容失于筹备的问题，高校图书馆合作联盟的组织人员除了申请更多的资金配额外，也可以在活动筹备上另辟蹊径，通过面向全校师生发出志愿活动邀请的方式，带动本校师生参与图书馆的建设。

为了保证志愿活动的顺利开展，高校图书馆跨领域合作联盟可以以联盟委员会的名义，向志愿参加图书馆活动建设的师生授予志愿者证书，以提高高校师生参与活动的荣誉感，从而带动全校人员参与图书馆的建设，构建志愿奉献的校园文化氛围。高校图书馆跨领域合作联盟也可以直接给校园中面临实习的在校生提供实习机会，通过正式面试将具有更高素质的学生聘用为高校图书馆跨领域合作联盟活动筹备的工作人员，以此来提升活动建设的质量。虽然这比起招募志愿者需要消耗更多的资金，但相较于缺乏规划、临时筹备

的活动消耗，招录实习生的成本仍然较低，并且相对可控。以上两种方法不能带来一劳永逸的效果，但是却能够使高校图书馆跨领域合作联盟的活动筹备质量得到真正的提升。

### （三）完善合作联盟内外系统兼容性

成员馆之间的联络系统和对外业务合作导航系统的兼容性建设是高校图书馆跨领域合作联盟线上活动统一规划的基础。只有在各成员馆的系统兼容性能够基本满足线上活动的需求时，高校图书馆合作联盟的线上联络网才能得到健全，同时，资源交互的效率才能得到提升，跨领域合作方才能更加便捷地及时获取到各成员馆的综合信息，跨领域业务合作的概率也才会随之增加。为此，高校图书馆跨领域合作联盟应当及时统一操作系统的设计，在保障原有检索、借阅、充值、学习、论坛等功能正常运行的基础上，完善联盟对内及对外业务合作功能的兼容性建设，加强跨领域业务合作端的操作及信息获取效率，从而提高高校图书馆跨领域合作联盟内部的活跃性，带动新业务的开发和新馆系统的快速对接，让高校图书馆跨领域合作联盟的线上操作系统成为更加多元化、智能化的业务平台。

当前，高校图书馆跨领域合作联盟的建设仍然处于探索阶段，在对外连接、资金运作、操作系统的建设当中仍然需要面临许多的挑战。如何能够尽快地完善高校图书馆跨领域合作联盟的组织协调功能，让我国的高校图书馆资源都能够得到更为充分的利用，这还需要更多的高校图书馆工作人员对此加以关注，并一同献策献力。

## 第五节　医学图书馆联盟共享体系建设与成效研究

医学图书馆联盟以医学信息资源的共享为目的的专业图书馆联盟，以海南医学图书馆联盟为例，研究医学图书馆联盟共享体系建设与成效。海南医学图书馆联盟是指以中国高等教育文献保障系统（China Academic Library and Information System，CALIS）医学文献信息资源共享网络省级中心馆（海南医学院图书馆）为主体，与学院各附属医院图书馆组成医学文献信息资源共享的联合体（以下简称联盟）。

联盟是总分馆制的二级文献保障系统，受“互联网+”新技术广泛应用、全省医药卫生事业快速发展以及图书馆提升文献信息资源保障能力等因素的影响与驱动而建立形成，力求通过资源共享体系建设，使有限资源的使用效益最大化。

### 一、医学图书馆联盟共享体系的建设实践

海南医学图书馆联盟成立了由核心资源馆牵头领导下的文献信息资源共建共享保障体

系，在总馆职能机构的统一规划与组织领导下，其资源共享体系建设主要包括协作共建纸质资源系统、集中共建数字资源系统、联合共建信息服务网络系统等方面，建设可满足总分馆用户需求的文献信息资源共享体系。

### （一）协作共建纸本资源系统

纸本资源是指传统印刷型图书、报刊等纸质资源。协作共建纸本资源系统是指总分馆经费各担、各有侧重、自建为主、共建为辅，共同使用的一种新型文献信息资源联合保障模式。

打破自给自足本位主义的传统，转向协作共建的以总馆（海南医学院图书馆）为主，兼顾分馆（各附属医院图书馆）的建设格局。具体建设以总馆为保障，各分馆突出特色，以临床医学、基础医学为重点，热带医学、地方医药为特色，人文社会科学、管理学、公共卫生学及其他学科门类为辅助的总分馆联合共享的纸本资源保障系统。

### （二）集中共建数字资源系统

数字资源是指承载于网络的数字化、虚拟化的文献信息资源。集中共建数字资源系统不同于业界现行的经费各担、自建为主、共建为辅的联合采购模式，而是数字资源由总馆集中建设、统一管理、经费共摊、共同使用的一种新型文献信息资源共建共享模式。该模式联盟参与共建经费分摊原则与办法的制定、参与采购计划的商讨，总馆则统一推进落实经费预算、采访评估、采购计划、采集途径及资源共享等具体业务工作；联盟集中建设以生物医学数据库为主，医、教、研协同发展刚需数据库为重点，医学人文社科类数据库为辅助的多语种、多学科、多类型的综合性数字资源联合保障系统。

### （三）联合共建信息服务网络系统

总馆要求学校组织各附属医院合理布局、协调分工、联合共建信息服务网络系统。开展校园网络信息化建设的同时，以实体光纤与虚拟光纤相结合的方式或数字数据网络专线方式，接入中国教育和科研计算机网络及互联网。联盟分馆积极参与总馆的信息服务网络建设，有机纳入总馆信息化统一规划，分阶段逐步加强图书馆的信息化基础设施建设，适时购置相应设备，完成网络、计算机软硬件设施的升级换代，建立文献信息资源共享的服务网络系统。

## 二、医学图书馆联盟共享体的建设成效

第一，建立文献信息资源总、分馆二级保障体系，提升纸本资源保障能力；数字资源

品类和保障服务实现飞跃联盟运行以来，可资利用的数字资源品类得到极大丰富。各分馆保障率实现跨越式发展，甚至填补了个别成员馆信息化建设的空白，实现数字资源保障能力从无到有的质的飞跃。

第二，文献信息资源体系建设水平提升。联盟根据医、教、研协同发展需求，统筹纸本资源与数字资源、中文文献与外文文献、普通图书与连续出版物、特色文献与一般文献的购置比例，形成保证一般、突出重点、结构优化、特色鲜明的文献信息资源体系。注重数字资源使用成效与建设并行，选订利用率低、受众知晓度欠佳、学术性不强、价格涨幅高、使用成本高的数据库，较大程度提升联盟文献信息资源体系建设与利用水平，建立文献信息资源总、分馆二级保障体系。

第三，实施分布式与集中式建设与服务并举的模式。随着馆藏建设理念由“拥有”向“可用”的转变，图书馆服务理念发生变革，即读者不分彼此、文献信息资源不分馆际，联盟顺势开展分布式与集中式并举的建设与服务模式。所谓分布式特指纸本资源总分馆开展分布式建设，读者可以同时一次性地获知多个图书馆的馆藏文献信息，并以馆际互借方式一站式获取文献。而集中式服务模式对应集中共建的数字资源，总馆负责建设数字资源的同时，承担数字资源共享服务与运维工作，包括数字资源的集中发布、更新、维护、培训、宣传、利用等，以满足多用户不受时空限制，同时，在任一数字终端都能便利获得所需文献资料的需求。

第四，信息技术应用拓展。对于图书馆资源共建共享体系来说，联机目录是其重要组成部分。联盟成员单位统一引进汇文文献信息服务管理系统，纸本资源可即时实现联机目录、联机编目、馆藏查询等功能，夯实联盟共享的基础。同时，联盟引进智慧图书馆管理服务平台，揭示资源建设与服务现状，实现联盟纸本资源和数字资源的整合；实现无须安装虚拟专用网络软件，终端扫码单点登录，无缝浏览下载全文的一站式服务；为图书馆线上线下一体化的资源和服务体系，提供高效、安全、稳定的运行环境。

第五，经费效益与文献资源受众面最大化。随着学校办学规模的快速发展，附属医院数量不断增加，联盟资源共享服务的辐射面不断扩大，较大程度地实现了文献资源受众面的最大化。

第六，馆际互借与文献传递。①馆际互借国际上产生较早、成效较为显著的一种文献资源共享模式，也是图书馆资源共享的核心业务。联盟馆际互借服务模式继承和延续了“海南服务模式”，不同的是服务范围主要辐射医学院校、医药卫生单位，并且中央书目数据集中建库；相同的是同样采用一卡通，通借通还，实物采用物流、馆员传递及用户自取等服务方式。②文献传递在网络信息环境下，图书馆传统馆际互借业务的延伸和拓展，是文献信息资源共享最主要的保障措施。

## 三、医学图书馆联盟共享体系的建设实施思考

第一，注重统一领导。联盟总分馆建设模式属于区域性行业图书馆纵向共建模式，该模式要求图书馆职能部门自上而下统一领导，突破各成员单位行政隶属制约，转而重视纵横协调、协同共建共享的目标。总馆采取召开协商会议、组织面谈、发布文件、临时信函等多种举措推进落实共享体系建设工作；设置具体工作小组，使得成员馆均能按共建共享的计划要求履行各自的职责，按期完成共建共享任务。

第二，提前做好整体规划。要实现联盟共建共享的建设目标应做好整体规划，这是实现联盟共建共享成功的前提。例如，联盟共享体系建设伊始，总馆所在学校将之纳入年度工作重点规划任务，有力地促成联盟图书馆共建共享项目落地。共建共享发展规划包括共享目标、原则、内容、措施等。有了发展规划、明确的总体目标和阶段性目标，参与共建的成员单位可以结合自身实际采取灵活的方式完成共建内容，实现共享目标。

第三，保障经费充足。文献信息资源建设的核心在于经费保证。文献信息资源建设是一项长期性的基础建设，要求经费投入的持久性与逐年增长。联盟数字资源经费分摊原则的制定使得联盟年度经费分摊测算办法有据可依，各成员单位年度分摊额度有法可循，有力保证联盟共建经费落到实处。

第四，灵活运用管理制度。开展联盟共享体系建设的同时，总馆陆续制订了“海南医学图书馆文献资源共建共享方案（试行/修订）”“海南医学图书馆文献资源共建分摊经费测算办法”“海南医学图书馆总分馆纸质文献采编业务流程及管理规则（试行）”并及时下发，为联盟开展文献信息资源共建共享建设提供可共同遵守的制度性文件。为了规范、有效实现数字资源共建共享分摊经费的归口管理、统一支付，发布“海南医学图书馆年度数字资源共建共享经费分摊协议书”。实践表明建立管理制度是行之有效的手段，系列规范性管理制度的发布有力推进联盟共享目标的实现。

总之，海南医学图书馆联盟共享体系建设是一种纵向混合式的联合共建模式，同时，是省级总分馆制的二级文献信息资源保障联合体。联盟共享体系建设使全省医学文献信息资源服务从“自我保障”跨入“联合保障”的新阶段，拓展了全省医学行业图书馆文献信息资源共知共建共享体系的建设空间与建设范围，为开展更大范围和规模的地域性、全国性文献信息资源服务共建共享奠定基础。医学图书馆联盟是不断生长发展的有机体，在稳固并提高联盟建设成效的基础上，应着手增强资源建设效益与资源共享服务水平，使联盟共享体系建设健康可持续发展。

# 参考文献

[1] 赵磊，余吕娜，高淦，等. 我国智慧图书馆评价体系研究可视化分析 [J]. 图书馆工作与研究，2023，326（04）：65-74.

[2] 王惠君. 建设面向未来和大众的新型图书馆服务体系 [J]. 图书馆论坛，2023，43（04）：7-9+29.

[3] 王凤姣，陈南燕. 公共图书馆主题分馆服务分层模式研究 [J]. 图书馆学研究，2023，530（03）：23-30+42.

[4] 潘家芳. 人机智能协同的图书馆精准服务研究 [J]. 图书馆工作与研究，2023，325（03）：38-45.

[5] 巫慧. 图书馆数字资源服务适用权利穷竭原则的困境与出路 [J]. 图书馆，2023，342（03）：60-66.

[6]. 技术赋能砥砺前行：广东省立中山图书馆智慧化服务回眸 [J]. 图书馆论坛，2023，43（03）：1-5.

[7] 曾媛. 媒体融合视域下公共图书馆文献信息传播效果提升策略研究 [J]. 国家图书馆学刊，2023，32（01）：37-45.

[8] 钟德强. 图书馆与用户共创服务模式研究：以邻里图书馆为例 [J]. 国家图书馆学刊，2023，32（01）：46-55.

[9] 杨薇，应巧兰，林奕纯，等. 基于下一代图书馆服务平台的馆际互借系统研究：兼论馆际互借服务体系的发展方向 [J]. 大学图书馆学报，2023，41（01）：52-60.

[10] 李卓卓，黄劼，金磊. LibQual+TM 的应用及其中国化进程研究 [J]. 图书馆杂志，2023，42（01）：51-61.

[11] 赵竹青，刘佳静，郑建明. 图书馆智慧服务模式的基本要素与逻辑架构 [J]. 图书馆，2023，340（01）：28-35.

[12] 单轸，陈雅. 转型时期我国智慧图书馆联盟的核心要素与发展思考 [J]. 图书馆学

研究，2022，527（12）：75-83.
[13] 马合，黄小平，郑娜静. 总分馆体系下地市级公共图书馆的职能定位与服务提升策略研究［J］. 图书馆，2022，339（12）：96-103.
[14] 单轸，陈雅. 我国智慧图书馆联盟的建设困境与破茧之策［J］. 国家图书馆学刊，2022，31（06）：90-99.
[15] 王欢，郭春阳. 平衡计分卡在大学图书馆学科服务团队绩效评价中的应用探索［J］. 图书馆工作与研究，2022，（S1）：53-61.
[16] 王丽媛，姚凯波，张兴旺. 澳大利亚公共图书馆联盟战略发展研究［J］. 图书馆建设，2022，317（05）：107-116+123.
[17] 王怡，邵波. 从区域联合到服务联合：高校图书馆联盟智慧化转型研究［J］. 图书馆学研究，2022，523（08）：69-75.
[18] 陈文娟，叶继元. 危机与变革：美国图书馆联盟的生存与发展之路［J］. 图书馆杂志，2022，41（08）：37-47.
[19] 毕丽萍，叶继元，李泽锋. "全评价"分析框架下的高校图书馆微信服务质量评价研究［J］. 图书馆学研究，2022，522（07）：74-83.
[20] 徐绪堪，谭丹，李一铭，等. 基于SUB-SERVQUAL模型的高校图书馆嵌入式学科服务质量评价研究［J］. 情报理论与实践，2022，45（08）：83-89.
[21] 朱学芳，邢绍艳. 基于用户需求的高校图书馆数字资源服务质量评价研究［J］. 情报科学，2022，40（03）：3-11+20.
[22] 徐春，张静，孟勇. 创新需求驱动下图书馆联盟建设现状及发展对策研究［J］. 图书馆学研究，2022，517（02）：94-101.
[23] 崔竞烽，郑德俊. 国内外图书馆服务评价指标演变［J］. 图书馆论坛，2022，42（04）：1-10+17.
[24] 陆和建，云云. 长三角地区公共图书馆阅读推广联盟发展策略研究［J］. 图书馆，2021，324（09）：56-63.
[25] 张春春，孙瑞英，韩娜，等. "谷歌效应"视域下的图书馆服务智慧化研究：基于图书馆服务质量评价的实证研究探索［J］. 图书馆建设，2021，312（06）：121-130.
[26] 朱莉. 可及性：一个公众感知视角下图书馆服务评价的新体系［J］. 图书与情报，2021，200（04）：113-119.
[27] 孔泳欣，彭国超，李颖. 知识链视角下数字图书馆知识服务能力评价研究［J］. 情报理论与实践，2021，44（11）：73-79.

[28] 朱前东，黄兰秋，高波. 中外图书馆联盟技术管理模式比较研究［J］. 图书馆学研究，2021，499（08）：83-90.

[29] 张坤，王雪，李力. 高校图书馆微信公众号服务质量评价指标体系的构建与分析［J］. 图书馆建设，2022，317（05）：132-140+160.

[30] 万易，赵媛，陈家清. 基于耦合协调模型的图书馆公共文化服务充分性发展评价指标体系构建［J］. 国家图书馆学刊，2021，30（02）：34-53.

[31] 王岩玮. 基于高质量发展理念的图书馆资源共享层次性分析［J］. 图书馆，2021，319（04）：14-19+25.

[32] 赵文军，孟凯，倪志飞. 信息行为框架下的高校图书馆微信阅读服务满意度综合评价［J］. 图书馆学研究，2021，497（06）：43-56.

[33] 周青. 基于图书馆自动化系统的自助设备铸造工艺研究［J］. 特种铸造及有色合金，2021，41（03）：404-405.

[34] 张金瑾. 关于如何创新图书馆服务理念，延伸图书馆服务内涵的探索［J］. 传播力研究，2019，3（06）：256.

[35] 马科. 图书馆职能的历史演进［J］. 传媒论坛，2022，5（10）：96.

[36] 孙瑞英，马晓伟. 高校图书馆智库服务能力评价［J］. 图书馆论坛，2021，41（08）：120-131.

[37] 谭亮，黄娜. 区域性图书馆联盟利益平衡机制构建研究［J］. 图书馆工作与研究，2020，297（11）：32-39.

[38] 林思瑶. 图书馆联盟研究可视化分析［J］. 图书馆建设，2020，（S1）：259-262.

[39] 马祥涛. 基于“全评价”理论的图书馆展览服务评价研究［J］. 图书馆，2020，313（10）：104-110.

[40] 杨锴，黄诗童. 图书馆创客空间服务质量识别及评价研究［J］. 图书馆，2020，311（08）：78-84.

[41] 李积君，王凤姣，龚蛟腾. 知识生态视角下图书馆服务转型研究［J］. 图书馆，2020，310（07）：73-78.

[42] 李彩彩. 图书馆文献信息服务的途径及发展方向［J］. 办公室业务，2014，188（03）：127.

[43] 张华，零芷婕. 地方高校图书馆文献传递社会化服务探索：以北部湾大学图书馆为例［J］. 黑龙江教师发展学院学报，2022，41（08）：146.

[44] 肇诚. 图书馆自助服务应用现状调查与分析：以国家图书馆为例［J］. 内蒙古科技

与经济，2023，(01)：155-156.

[45] 潘星. 智慧图书馆联盟建设策略研究 [D]. 扬州：扬州大学，2021：1.

[46] 封珂，井水. 陕西省高校图书馆联盟发展现状及推进路径 [J]. 新西部，2022，(11)：114.